汉语国际教育发展研究

肖　艳　李媛君　崔　超　著

吉林出版集团股份有限公司
全国百佳图书出版单位

图书在版编目（CIP）数据

汉语国际教育发展研究 / 肖艳，李媛君，崔超著
. -- 长春：吉林出版集团股份有限公司，2023.5
ISBN 978-7-5731-3450-9

Ⅰ. ①汉… Ⅱ. ①肖… ②李… ③崔… Ⅲ. ①汉语—
对外汉语教学—研究 Ⅳ. ①H195.3

中国国家版本馆CIP数据核字（2023）第141184号

汉语国际教育发展研究

HANYU GUOJI JIAOYU FAZHAN YANJIU

著　　者　肖　艳　李媛君　崔　超
出 版 人　吴　强
责任编辑　孙　璐
装帧设计　墨创文化
开　　本　787 mm×1092 mm　1/16
印　　张　8
字　　数　130千字
版　　次　2023年5月第1版
印　　次　2023年5月第1次印刷
出　　版　吉林出版集团股份有限公司
发　　行　吉林音像出版社有限责任公司
　　　　　（吉林省长春市南关区福祉大路5788号）
电　　话　0431- 81629679
印　　刷　吉林省信诚印刷有限公司

ISBN 978-7-5731-3450-9　　定　　价　50.00元

如发现印装质量问题，影响阅读，请与出版社联系调换。

前　　言

　　随着中国国力进一步增强，汉语的影响力也随之提高，这对汉语国际教育提出了新的要求和挑战。目前，汉语国际教育一线教师在课堂教学上有着一定的偏好，但这些偏好是否科学、有没有相应的理论支撑是需要进一步研究和讨论的。本书对目前对外汉语课堂的教学模式进行了初步分析，指出了教育工作者忽视的问题，在一定程度上有利于缓解问题，提升教学质量。

　　在当今全球化、科技大发展的背景下，汉语教学的网络化一定会迅速发展，把汉语国际教育事业引向一个更为广阔的天地。其中，孔子学院的未来发展是一个应该引起重视的问题，作为实现"中国文化走出去"、展现"中国形象"、提升中国文化"软实力"的重要平台，孔子学院已经走过了十多年，取得了令世界瞩目的成果，发展出一套全方位、多层次的汉语国际推广体系，积累了大量创新经验。孔子学院成长如此迅速，除国际社会对汉语的需求持续增大、国家提升"软实力"等因素驱动外，还与孔子学院创新决策的不断产生、扩散与巩固密切相关。

　　汉语国际教育是国家和民族的事业，与中华民族的伟大复兴息息相关。处在网络快速发展背景下的汉语国际教育，对于汉语的教学和传播都有着重要意义。在今后教学工作中，教育工作者必须充分认识到网络平台和其他教学技术手段的重要性，并根据教学目标进行合理化运用。

　　温故而知新，回望过去是怎么走过来的，有助于正本清源，更好地看清未来的路。我们回顾历史是为了认真总结经验，吸取智慧，顺应历史趋势，开创未来。中国对外汉语教学不断努力探索具有中国特色的汉语国际教育发展方向，循序渐进，综合集成创新发展。

著　者

目　　录

第一章　汉语国际教育现状分析

近年来，我国对汉语国际教育的理论研究取得了很大进展。本章对汉语国际教育的现状、信息化发展现状进行剖析，以对当前汉语国际教育的发展有一个了解。

第一节　汉语国际教育发展概述

本书研究的对象是汉语国际教育。对于汉语国际教育这一概念的内涵和外延，学界虽有不同的看法，但从近年来的研究实践来看，多倾向于较为宽泛的指称范围。本书接受以上前修时贤的观点，论及汉语国际教育既包括汉语国际推广事业，也包括学科建设和具体的汉语教学活动（兼涉国内教学和国外教学），即采用宏观与微观相结合的方式展开研究。

自 2019 年 12 月国际中文教育大会召开以来，业界在论及汉语国际教育领域时多以国际中文教育代替，我们考虑到"汉语国际教育"的名称沿用已久，涵盖范围较广，而且学科设置方面，本科层次的汉语国际教育专业以及研究生层次的汉语国际教育硕士和汉语国际教育博士并未更名，为研究方便仍使用"汉语国际教育"这一术语。

一、汉语国际教育现状与思考

汉语国际教育发展至今，经历了三个发展阶段。从最初的语言文字的教学，到语言文字与文化教学并重，再到汉语教学、文化教学、文化传播三位一体的综合实践。这些发展阶段体现了汉语国际教育在不同的历史时期都根据时代的变化在调整教学的内容和重点，以顺应时代的发展和社会的需要。在经济全球化和文化多元化的发展趋势下，中国迅速发展为世界第二大经济体，吸引了国际社会的关注。而汉语作为了解中国、与中国发生交流合作等的重要方式，也越来越受到外国民众、企业和政府的重视。现阶段的汉语国际教育，不仅仅是简单的文字教授和文化传播，我们应立足国家战略，从现实出发，发掘汉语国际教育更大的潜力和作用。经研究，我们发现现阶段汉语国际教育存在以下几个问题值得深思。这也是将来我们在此领域努力的方向。

（一）汉语国际教育的学科建设有待加强

汉语国际教育从简单的语言文字教学到硕、博士点建设，在实践层面和理论层面都已形成了一个有规模的、系统的、专业的专门学科。可是，仔细研究会发现，除了从属于应用语言学这一学科的名称和定位之外，没有找到与之相关的理论来构建完整的独立的学科体系。重要的是，语言学视角已不能满足目前阶段对汉语国际教育的描述和学科定位的要求。如今，汉语国际教育与我国战略发展的目标密切联系，对此我们应根据新时代的要求和发展现状给汉语国际教育一个全新的定位，并对其进行全面构建，不然不仅会严重阻碍其发展，也会影响我国战略目标的实施进程。

（二）孔子学院的建设工作有待深入拓宽

虽然我国现已在多个国家和地区建立了孔子学院，全球学习中文的外国人数迅速增长，孔子学院发挥着重要作用，成了海外学习中文的一张名片，但是，也由于诸多原因，某些孔子学院并没有达到预期的发展目标。针对这一现象，除了"我们对汉语国际教育传播事业发展过程中的风险预测不足"① 之外，还应该从根本上找到解决问题的办法。一方面加强孔子学院内涵建设，扩大孔子学院在海外的影响力；另一方面要注意外部推广方式与文化解释力，以此来规避风险，促进孔子学院的进一步发展。②

（三）汉语国际教育的发展需要更大的社会影响力支撑

中国国际地位的提升，使汉语国际教育在最近十几年中迅速地、大范围地走进了外国人的视野。汉语国际教育如果能利用好社会渠道和资本，也将产生强烈的社会效应和影响力，将会有更大的发展空间和成就。

二、汉语国际教育发展的阻力

（一）孔子学院供不应求

汉语国际教育需求逐渐增多，而孔子学院数量相对较少，导致教育环节出现供不应求的现象，长此以往，必然会弱化对外汉语教育效果。众所周知，孔子学院是汉语国际教育的主阵地，若学院分布不均，课堂设置不够合理，短时间内无法提高对外汉语教育教学水平，会阻碍中华文化的传播。

（二）制度管理缺乏有效性

我国在汉语国际教育中的实践经验较少，实际教育教学中存在一定的问题，如教育内容受当地法规制度的保障不足等。这无疑会增加对外汉语教育教学的阻力，使其很难为国民经济、文化建设提供所需人才。即便汉语国际教育机构数量呈逐年递增趋势，但当前形

---

① 朱瑞平. 论汉语国际传播的风险规避策略［J］. 云南师范大学学报（哲学社会科学版），2021，53（1）：54—61.

② 沈敏. 新时代汉语国际传播的湖南对策［J］. 湖南社会科学，2021（2）：143—149.

势对教育环节的制度管理实践提出了较高要求，如果办学制度、管理制度缺乏合理性，那么教育问题的处理将浪费一定的时间，进而使汉语国际教育发展缓慢。

（三）中外文化差异较大

开展汉语国际教育教学时，势必要考虑中外文化差异，基于不同文化视域创新对外汉语教育方法，确保及时满足来华学习的各国学生需求。否则，会浪费教学资源，使得来华学习的各国学生汉语文化培养效果不尽如人意。虽然当前汉语国际教育教材不断更新，且教学方法发生改变，但仍未从根本上突破文化交流阻碍，长此以往，会降低汉语国际教育质量。

从文字层面分析，字形相似的汉字数量较多，会增加留学生区分汉字的难度，一旦汉字混淆，那么整体语句的正确性将无法保证。此外，汉字中的同音字、音近字较多，无疑会增加汉字学习的难度。实际上，字形区别教学、字音字义教学是汉语国际教育的重要内容，如果教师缺乏耐心，或者专业能力不足，那么汉语国际教育教学的有效性会大大降低。从留学生方面分析，留学生在汉语学习中的态度、韧性、热爱程度直接影响其汉语学习质量。如果汉语国际教育专业教师未能有效地向留学生传授汉语学习技巧，仅形式化地进行理论教学，那么留学生的汉语水平在很长一段时间内会停滞不前，最终汉语国际教育教学质量会大幅降低。

（四）师资力量相对薄弱

当前，本土汉语教师数量较少，如果汉语国际教育的教师力量集中于外派教师或志愿教师，会因其对汉语文化的了解不够全面而影响教育效果。现今，汉语国际教育热潮兴起，但汉语国际教育专业教师数量不足，现有教师汉语教学水平不高，不利于来华学习的世界各国学生的汉语学习，导致汉语国际教育水平大大降低。对汉语国际教育专业教师来说，这无疑会影响个人进步空间，影响其在汉语文化传播与国际文化软实力提升方面的贡献。久而久之，教师会产生挫败感，最终逐渐淡出汉语国际教育事业。

三、汉语国际教育发展的效益分析

汉语国际教育发展的效益主要体现在高校之中。

（一）经济效益

1. 直接经济效益

教育经济效益是教育工作开展和教育质量不断升级的重要保障，其中所获得的直接经济效益是指在经过教育投资生产后所产生的一定质量和数量的劳动收益，这种劳动收益直接与劳动生产率挂钩，劳动效益最终转化成为推动社会经济发展的收益。高校开展的汉语国际教育从本质上来看也是一种教育层面的投资行为，在最终的收益方面由于投资方式不同，所产生的收益类型也有所差异。其中较为典型的是私人收益，该收益形式来源于私人出发点，私人通过投入教育成本的方式来最终获得收益，其中汉语国际教育最终完成的高素质人才培养会以劳动力的形式表现在社会关系和社会服务当中，这种社会关系形态最终以收益的形式呈现在人们面前。此外，还有社会层面的收益，该收益主要是指社会投入所获得的收益，其中主要表现为国家教育投融资最后获取的经济收益。

2. 间接经济效益

间接经济效益是指非直接完成投资建设，或投资建设未直接表现为物质收益的经济效益形式。通常情况下高校汉语国际教育中经济效益更多是一种整体性的效益，效益产生形式绝大多数不表现为实体经济特征。首先，汉语国际教育中有着明确的学费收入收益，是一种付费知识行为所产生的收益形式，这种收益方式将会转换成为高校的直接效益。除此之外，高校教育所完成的人员培养，最终实现人才社会价值的提升，在最终的社会关系的构建方面，形成了与社会就业之间的适配，这种社会关系的形成便是一种间接的收益形式，其中社会需求层面所需要负担的人才成本投入，可以视作是间接的非实体收益效益。此外，部分外国留学生因高质量高校教育选择中国作为留学对象，在中国生活期间所产生的经济消费等，也会被视作高校汉语国际教育所产生的间接效益。

3. 个体收益

现阶段高校在汉语国际教育当中的课程教学形式和组织形式各有不同，其中所面对的教育对象也有所差异，在教学活动方面，主要以高等教育的基本规律和组织模式来开展教学，并接受高校教育修业年限和水平限定要求，对目标受教育对象有着一定的规定。在开展教育中，受教育者本身需要进行一定的教育资源投入来获取教育服务，同时在受教育过程中，由于受教育者本身的能力素质提升，获得了人力资本的增值。基于个人投入所带来的增值效益，实际上也会算入汉语国际教育所产生的教育收入当中。

（二）社会效益

汉语国际教育的发展代表的是中国国力的增强以及中国国际地位和影响力的提升。相比经济效益，社会效益所受到的社会关注更高，所产生的社会影响作用也更为强烈。

1. 有利于文化的传播

语言是文化的载体，汉语国际教育是语言的传播，同时也是文化的传播。汉语影响力的扩大标志着汉语背后的文化逐渐被世界范围所接受，代表着社会层面的传播价值得到了提升。高校汉语国际教育中，汉语作为核心内容，通过教育传播的方式，将文化内涵和价值观念向世界范围内完成了传递，让世界更加直接、有效地了解到了中国文化。目前高校开展的汉语国际教育本身并没有对地域有着明确的要求，在教育教学方面，更多面向有志于开展对外教育工作的中国人或者希望将汉语作为学习对象的外国人，其中非汉语母语的外国人对中国语言文化的了解不多，能够真正产生的文化理解也相对肤浅，通过汉语国际教育，能够让更多人有机会接触到汉语文化信息，能够从汉语视角出发进行文化的认知和审视，最终实现深层次的文化感知和文化交流。这种文化层面的价值认知和文化认同与国际的交流合作模式相同，其中文化作为交流纽带，发挥着重要作用。外国人的汉语学习能够让不同文化背景进入相同的文化语境当中，消除文化背景和价值观的隔阂，从而实现更加有效的文化交流，中华文明所诞生的文化也更能为世界所接受。

2. 推进高等教育国际化发展

教育是国际文化交流的重要形式，而教育的国际交流则是教育国际化发展的重要前提。现代高等教育在国际化建设当中主要强调教学国际化、学生国际化和教师国际化三种指标。其中高校汉语国际教育中主要面对的受教育主体为非汉语母语的外国学生，汉语国际教育的发展壮大能够更好地带动高校国际化发展，带给高校更高的国际形象。随着汉语国际教育的不断深入，越来越多的受教育者开始认识并认可汉语国际教育的重要性，能够积极主动地参与到汉语学习与适应当中来。与此同时，在开展国际化教育过程中，学生的国际化和教师的国际化将成为汉语教育的引领和带动，帮助高校参与到多元文化的交互之中，不断进行教育模式的升级，以更具前瞻性的姿态，取得教育创新。

3. 推动文化走出去战略升级

文化走出去战略是我国对外开放战略的重要一环，在"一带一路"背景下，中国在国际舞台当中的竞争离不开文化层面的竞争。汉语作为语言形象，是国家文化形象的集中展示，同时也是民族在国际交流中的重要表示。高校所开展的汉语国际教育，在促进文化传播方面，还能够拉近国际文化，中国在世界竞争当中形成竞争优势。真正进入中国高校学习的外国留学生群体，在国内的文化环境和语言情境当中所形成的文化习惯，会最终塑造文化价值观。汉语作为文化行为的载体，将引导留学生在回到本国后，致力于文化的传播，达到影响扩大的目的。同时国内高校所创办的孔子学院，在国际交流和文化竞争当中发挥着重要的作用。

（三）文化效益

除了经济效益和社会效益，高校汉语国际教育的开展还有助于文化活动的传播，发挥文化影响力，实现文化价值。利用汉语国际教育来提升文化软实力，是目前教育战略中获取文化收益的主要形式。

1. 构筑有效的话语系统

文化交流增强了国际的文化理解，能够提升中华文明在世界当中的宣传能力，高校汉语国际教育是文化传播的重要载体，通过输出汉语传播文化等方式，可以实现文明传播的功能，最终实现话语权的提升。借助汉语国际教育，能够更好地帮助世界接触中国、了解

中国，能够建立起文化包容、天下大同的精神理念，认识到文化差异客观存在的同时，引导世界各国能够在文化交流当中加强文化理解，更好地融入世界文化范围当中。

2. 搭建平衡的生态文化

语言作为重要的文化载体，在世界交流中不仅承担着文化传播的作用，同时还发挥着文化价值影响的作用。而文化价值影响并不全然是正向的，有时候在国际交流中，文化价值影响过于强势，可能会导致文化环境出现不平衡问题，进而演变成为文化霸权。文化霸权所导致的国际文化形式的单极性会极大地消弭文化的多样性，导致文化最终丧失生命力。高校的汉语国际交流便承担了文化交流和文化生态平衡的重要使命。高校汉语国际教育中所坚持的文化包容和跨文化交流理念，能够更好地塑造文化价值，引导文化包容精神，带动新一代高素质人才参与到文化平衡的导向建设中。

3. 带动传统文化的持续发展

悠久历史所孕育的中华优秀传统文化是中华文明的宝贵财富，也是生长于这片土地上的人们的精神家园。中华优秀传统文化的传承不能只依赖文化研究，更需要大环境的文化建设和支持。高校在汉语国际教育当中能够更多地将文化内容融入教育当中，带动更多人参与践行中华优秀传统文化，使其持续发展，形成波澜壮阔的文化图景。

四、汉语国际教育现代化的推动力量

习近平总书记在党的二十大报告中指出，要增强中华文明传播力影响力，坚守中华文化立场，讲好中国故事、传播好中国声音，展现可信、可爱、可敬的中国形象，推动中华文化更好走向世界。汉语国际教育作为传播中华文化、讲好中国故事、促进文化交流的重要载体和有效渠道，在弘扬民族精神与中华优秀传统文化的过程中发挥着重要作用。汉语国际现代化的推动力量可以从以下"三个坚持"中体现。

第一，坚持"不忘本来"，立足中华民族优秀传统文化，推动汉语国际教育理论体系建设。立足中华民族优秀传统文化这一"本来"，构建和深化汉语国际教育理论体系，是夯实汉语国际教育高质量发展的重要基石。推动汉语国际教育高质量发展，加强汉语国际教育体系建设，应从以下方面发力：一是推动汉语国际教育理念现代化。教育理念现代化的本质在于以国内外先进教育观念为指导，促进教育改革、创新和发展，实现汉语国际教育理念与时代同频、与发展同步。要在现有教育体系、环境和语境的基础上，充分依托大数据、新媒体、人工智能等先进现代化信息技术，不断更新教育设备、技术手段、方式方法等，深化和推进汉语国际教育的创新和发展。二是推动汉语国际教育培养模式现代化。所谓培养模式的现代化即培养方案、培养内容、培养过程和目标的现代化，主要包括现代化的教材体系和教学体系两个主体部分。要在立足中华民族优秀传统文化基础上，优化和完善人才培养模式，重点将民族文化、地域特色文化等嵌入汉语国际教育人才培养中，以培养模式的现代化促进人才培养质量提升。三是推动汉语国际教育合作机制的现代化。合作机制的现代化关键在于能够建立起灵活多样、运转协调、务实高效的体制机制，以此保障汉语国际教育交流与合作的科学化、规范化和常态化。要在相互尊重、文明互鉴、互惠共赢基础上推动多元交流与合作，积极创新语言文化合作项目，与东盟文化教育协会、国际语言联盟等保持长期合作，推动汉语国际教育合作机制健全完善。

第二，坚持"吸收外来"，借鉴国内外先进教育经验，推动汉语国际教育学科体系建设。构建现代化的学科体系是深化人才培养工作的客观需要，也是推动新时代教育现代化的内在要求。要在现有汉语国际教育学科体系基础上，借鉴国内外先进教育理念、前沿理论及育人经验，推动汉语国际教育学科建设面向现代化、面向世界、面向未来。一是推进基础理论体系建设。秉承借鉴、继承与创新的原则，在认真总结国内外国际语言教学基础理论建设主要做法和成功经验的基础上，紧跟国际语言学科建设的前沿理论，构建体现民族的、发展的、现代化的汉语国际教育基础理论体系。二是着力推动教学体系改革。汉语国际教育的教学体系建设包括教学方法、教学模式及教学内容的革新。要借鉴国内外优秀的语言教学经验，形成适合汉语特点的国际教学方法。要在教材及课堂实际教学项目中注入中华民族优秀传统文化以及现代教育思想等。三是着力推动学术体系建设。学术体系是揭示学科对象的本质、规律的理论和知识体系，根据汉语和世界各国语言文化、教育体制等实际，依托孔子学院、孔子课堂、各院校设立的国际教育学院等平台，持续加大同全球顶级专家和顶尖研究组织的沟通协作，不断深化汉语国际教育基础理论及教学工作规律的研究，构建体现民族的、本土的、现代的汉语教学学术体系。

第三，坚持"面向未来"，拓展中国—东盟开放合作新空间，推动汉语国际教育话语体系建设。积极构建汉语国际教育话语体系，不仅可以促进文化交流、讲好中国故事、提出中国建议、奉献中国智慧、增强中国的国际影响力，而且可以推动世界文明互鉴，推动构建更为紧密的中国—东盟命运共同体。一是拓展多元化汉语国际教育合作渠道。从人才培养、学术研究、社会服务等方面入手，通过经贸往来、召开会议、企业合作等方式推动中外文明互动，逐步形成"合作多元化、文明互鉴化、交流常态化、发展多样化"的汉语国际教育工作局面。二是拓展汉语国际教育交流平台。教育、科技、人才是全面建设社会主义现代化国家的基础性、战略性支撑。应积极推进中国—东盟教育开放合作试验区建设，有效推动中国—东盟教育标准互认，促进汉语国际教育提质增效和纵深发展。三是构建全媒体汉语国际教育传播体系。搭建起面向东盟的汉语教育话语体系，必须加强全媒体汉语国际教育传播体系建设，借力互联网、大数据、人工智能等现代科学技术，为面向中国—东盟教学机构、教师、教辅人员、汉语学习者搭建学习交流的平台，提升汉语学习的

便捷性和可行性，让广大国际友人在潜移默化中接受中国文化、理解中国道路、支持中国发展。

第二节 汉语国际教育信息化发展分析

科学技术的飞速发展切实推动了网络技术整体水平的不断提升，无论是人们的生活还是工作，对于网络技术的依赖越发强烈，将网络技术切实引用到教育教学中，能有效推动教育教学整体水平的提升。在汉语国际教育领域，将信息技术加以切实运用，不但可以有效提升教育工作的整体效果，还可以增强学生对知识的高效认知。

一、汉语国际教育信息化的发展

（一）起步阶段

在 20 世纪中期，世界上一些发达国家逐渐开始利用信息技术来组织开展语言教学工作，期望能借助这种方法来提升整体教育水平和综合能力。就我国实际情况来说，在 20 世纪末期开始对这一教学方式进行研究，并且给予了一定的优化完善。我们可以将其归纳为以下几个关键点。首先，就研究内容来看，在汉语教育信息化初期阶段，我国大量的专业人士都将工作的重点放在了语言录入环节上。在整个信息系统中，汉字的录入涉及层面较多，所以具有较强的复杂性。在汉字录入等相关工作研究结束之后，专业人员将工作的重点放在了拼音输入方面，从而为汉语教育与信息技术的融合创造了良好的基础。随后，研究人员围绕两种文化进行了深入的分析研究，并且针对教学方式和教学内容进行了适当的调整，在提高各项工作的效率和效果的基础上，制订了实施汉语国际教育实践工作的规划和目标。其次，就研究工作存在的问题来说，在信息化发展起始阶段，我国所掌控的各项信息资料具有一定的局限性，并且工作人员的专业能力与其他发达国家工作人员相比还存在明显的差距，从而对各项工作的实施造成一定的制约。最后，受到软件研发不足的影响，在起步阶段输入语言系统以及各个程序都没有得到良好优化，从而在工作中存在诸多隐患。

（二）发展阶段

就我国的汉语国际教育来说，早在 20 世纪 80 年代就开始了，历经 10 年的发展，至 90 年代，发展速度十分迅速。综合其涉及的几个方面进行分析，可以总结为下面几点：首先，就教学模式来看，在实施汉语国际教育工作时，教师不能单纯依据我国实际情况采用"师生授受"的教学模式，而是应当充分结合信息技术，切实地运用多媒体设备或者计算机设备组织实施各项教学活动。在实际开展各项教学工作时，教师要对学生的听说能力加以重点培养，提升学生的语感。其次，就教学资源开发方面来看，教学材料是实施各项教学工作的基础，所以相关教材编制工作人员应当切实做好事件调查，从不同的角度对教材资料加以优化完善，为教学工作的实施给予良好的辅助。最后，就资源库的创设方面来看，在发展阶段，相关专业人员创设了良好的数字化信息教育系统，教师和学生都可以利用系统来自主学习，从而增强自身的汉语水平，为教育教学工作的良好发展打下坚实的基础。

（三）传播阶段

在发展阶段结束之后，我国汉语国际教育信息化逐渐步入传播阶段，并且取得了良好的成绩。就其实际发展情况来说，可以划分为下面几个部分：首先，就学科建设方面来看，已经达到了较为完善的状态。在组织开展各项教育工作时，教师可以适当地运用信息技术来提升教学的整体水平，促进学生更加准确全面地对知识加以理解。但就实际情况来说，教学工作的开展还存在诸多问题，如不能高效实现教学目标，不能彻底利用纸质材料等，所以，教师在落实教学工作时，要秉承严谨认真的工作态度，从各个细节入手对教学工作进行优化和创新。其次，就教育事业发展情况来看，汉语国际教育信息化发展不能单纯地被限制在国内，还要对覆盖的范围进行适当的扩展，所以就教材内容的设定来说，要不断进行优化和创新，满足不同群体的需要。

二、汉语国际教育信息化发展存在的不足

（一）教师素质有待提高

当下从事汉语国际化教育的教职工专业素养整体欠佳，教师队伍的专业能力和综合素质还需要进一步提升。首先，教师的专业能力需要进一步提高。汉语国际化教师务必要具备良好的专业资质以及丰富的教学经验，但是就当下实际情况来看，具备上述两种资格的教师少之又少。其次，教学工作要想取得良好的成效，就需要不断提升教师的专业水平和综合素质，但是当下我国汉语国际化教学教师通常都不具备良好的自我发展和进步的意识，所以对于那些最先进的教学理念和教学方法不能及时掌握。诸如，信息化在教学中加以实践运用能有效地推动教学水平的提升，但是因为教师对信息化相关知识接受较少，导致教师综合素质无法满足实际教学需要，最终对汉语国际信息化工作的全面实施形成诸多限制。

（二）文化交流的能动性不足

专业技术创新效率较低是汉语国际教育信息化发展中能动性较差的突出表现，而导致这一问题的主要根源就是汉语国际化教育工作的开展过于追求功利性，技术创新往往也是为了实现这一目的而进行的，这种功利性的目的对于技术的创新并不会给予太多支持，从

而导致技术创新效率低的问题。此外，现如今人们对汉语国际化教育事业缺少足够的信息，并且对于这项工作所具有的重要性缺少正确的认识，从而导致人们对国际化教育工作缺少基本的重视。

三、汉语国际教育信息化发展的新局面

近年来，中国综合国力不断增强，吸引着世界各国的注意力，与其他国家之间的友好交流极大地促进了中国本土语言——汉语的发展，使得对外汉语课程和汉语教学成为近几年来的热点研究领域，所以应进一步将汉语国际教育作为发展重点，有力发挥汉语在各国交流间的媒介作用，使汉语成为对外开放战略的重要支撑。21 世纪以来，互联网技术和现代通信技术的快速发展为课程改革提供了强有力的支撑，使得现阶段的汉语国际教育发展成为双向建设与推广的系统性工程。一方面，汉语国际教育不断以孔子学院等线下教育基地为基础性建设工程，夯实其课程内容框架，改善教学方式，使其成为推行汉语的第一窗口；另一方面，线上课程逐渐成为主要教学方式，汉语线上学习软件和学习平台成为当下国内外学生学习汉语课程的主要途径。在此背景下要利用线上课程的优势，整合资源，优化教学目标，加强内部管理，以在新时代顺利完成转型，进一步推动汉语国际教育的推广与发展。汉语国际教育信息化发展的新局面主要体现在以下方面。

（一）教学任务

汉语教学的目标人群相对较为复杂，既包括国内汉语考证人群，也包括国外留学生和有汉语学习需求的人员。而汉语国际教育将课程目标人群定位为外国留学生和相关人员，他们学习汉语的目标指向性较高。总的来说，汉语国际教育的主要目标是培养学生的汉语交际能力，即学生在完成基本学习任务之后，能够按照汉语表达习惯和规范进行流畅和无障碍地简单交流。即使当下部分学者建议将教学任务的重心转移为汉字本位教学，但是这一教学法的实际教学效果不佳，并不能满足目标群体的实际需要。同时，针对不同汉语学习基础的学生，同一种教学任务无法满足其多样化需求。日常情景交际用语和书面表达用语之间具有一定的差距，教师在开展汉语教学时，如何把控好二者之间的比重，帮助学生掌握活学活用的汉语表达技巧，使其汉语表达与运用场景相得益彰，是当前教学任务的重点之一。在信息化环境下，学生自主学习机会的增加和教师教学模式的改变，为教师合理设置教学任务提供了可能性。当前，教学任务的设置依附于教学软件和教学平台，这些线上平台中有与国际汉语教学任务相对应的功能，学生和教师可以依据实际需要自由选择资源并进行编辑和提取，使得教学任务与教学目标更具灵活性。在开展汉语国际教育的过程中，教师主要依据汉语学习内容和目标群体的需求来设置学习任务，并将其与各种教学平台结合起来，从而形成科学、系统的线上教学体系。

（二）教学大纲

从国际汉语教材来看，数据化时代下教材建设有了新的特征和指导原则，动态性、综合性和多元化发展是当前国际汉语教材选用及研发的主要方向。在对国际汉语教材大纲进一步研究之前，应辨别和分清汉语国别化教材和通用教材两个概念。汉语教材统一化和国别化是汉语国际教育发展到一定阶段后必须面对和解决的问题，这也成为国内外研究者最为关注的问题之一。汉语国别化教材是指由国家教育部门统一筛选和组织课程内容，对汉语教材进行重新编订和撰写，以此保证教材的规范性和严整性，使教材能够更加匹配汉字特征和满足学生的学习需要，使教师教学和学生学习具有一致性和同步性，提升整体教学质量和教学效率。而与汉语国别化教材相对应的另外一个概念便是汉语通用教材。从其名称便可以看出，这一教材的通用率和普及率较高，对使用人群和使用规则并没有严格规定。汉语通用教材的语义解释和内容属性更为广泛，与国别化教材相比较，少了很多限制。学者们在长期探寻二者概念及异同点的过程中，分别从不同维度理解其本质，发现二者之间并不存在根本矛盾，二者并行发展才是当下国际汉语课程实现多元化、国际化发展的最终选择。国别化教材的开发与利用主要是为了应对各国不同学生的不同学情，保证教材具有较大的普适性和包容性，在较大范围内迎合当前国际汉语发展的现实情况。因此，当前国际汉语教材正逐渐走向正规化引领、多元化补充的道路，以满足课程发展的需要。汉语教材内容的改变也进一步带动了课程教学大纲的革新与完善。教学大纲囊括教学目标、教学内容、教学要求等方面，是整个教学工作的重要指引。传统教学大纲将汉语学习分为初级汉语、中级汉语和高级汉语三阶段，将语言综合运用能力分为语言知识、语言技能、文化意识和学习策略四模块，并将三阶段与四模块联系起来，形成教学大纲的主要框架。这一教学层级分类与传统教材匹配，适用于线下教学模式。而在信息化环境下，汉语国际教学内容和教学方式发生转变，教师需要对教材内容进行重新分类后再整合，利用线上慕课和在线直播教学途径，形成主题式教学和模块式教学，将不同层级的汉语教学内容浓缩为短小、精悍的视频。现阶段，国际汉语慕课课程体系发展还处于中级水平，教学大纲建设还不够健全，传统国际汉语教育教学大纲完全套用线下线上混合式教学模式的可能性及适用性还有待验证，网上资源的复杂多样性也为进一步规划线上教学大纲带来了困难，在此发展形势下，相关教育工作者应不断改进与完善自身的工作。

（三）教学模式

传统汉语国际教学以线下讲授为主，教师在教学目标和教学任务的指导下，研读教学内容，按照教学组织原则和教学顺序逐步开展教学，传授学生汉语知识。这一教学模式受到教育场所、教学主体和教学资源的限制，教育范围和教学影响力具有一定的局限性。信息化环境下，线上教育成为当前汉语国际教育的新常态，使传统教学模式下教师及学生的

地位、教学顺序都发生了较大转变。线上教育中的直播授课与传统线下教学形式较为相似，只是教学场所和教学环境发生了改变。而线上教育中的录播课程和汉语教学软件可为学生提供很多的自主学习机会，学生拥有了较大的自主选择权，教师由原先的教学主体转变为教学辅助者和引导者。这一教学模式虽然遵循以学生为本的教学原则，符合我国以学生为中心的教学要求，但是教师与学生的互动性较差，教师无法掌握学生的真实学习情况，不利于二者进行良好的沟通与交流。传播媒介的改变促进了汉语国际教育新教学模式的形成，新教学模式与原有的线下教学模式并行是弥补双方缺陷的最好方式。

（四）教学对象

随着互联网技术的发展，汉语国际教育的影响力逐年提升。汉语的"出圈"与"走红"使得汉语国际教育的学习者即教学对象发生了较大的转变。首先，从汉语学习者的数量来看，汉语学习视频激增和推广方式的革新使得汉语学习者增多。其次，随着新教学模式的出现，学生的自主学习机会增多，学习汉语的积极性得到提升，学习动机更高。最后，线上教学模式为学生提供的立体化、多维度学习体验能够激发学生的学习热情，使其以更强烈的好奇心探索中国汉字的本质及内涵，并产生连锁效应，有效提升课程教学质量和教学效果。

（五）教师新要求

教师作为教学的核心，是学生学习的第一责任者。教师教学水平、教学素养和研究能力的高低直接决定着学生的最终学习成效和学习质量。汉语教师需要同时具备扎实的专业知识、较强的教学能力和良好的教师职业道德，才能成功胜任教学工作。

近年来，汉语推广方式的革新与进步使得汉语学习者数量不断增加，加大了对汉语国际教师的需求。随着国内更为注重汉语国际教育的发展，将教师本土化培养作为近年来的工作重心，本土教师培育工程基本成型，承担汉语教学任务的主体为本土教师。随着汉语国际教育与其他课程协同发展成为教育新趋势，跨学科领域综合型人才成为推动汉语国际教育向前发展的主要动力。当前，汉语国际教师必须在原有的专业标准要求下，提升自身的信息素养和综合运用知识的能力，具备协调汉语国际教育与其他专业之间关系的能力，能够以更加开阔的视野、宏观的发展格局对知识进行整合，充分利用教学资源打造跨学科教学体系。

（六）推广途径

从当前已经收集到的数据来看，全球已经有超过 70 个国家将汉语纳入自身的国民教育体系，使汉语成为国家教育中的一部分。在互联网背景下，汉语国际教育的推广从传统的线下推广转为不受时空限制的线上推广，推广方式更加丰富，并且更为多样化。现阶段，课程推广注重以现代统计手段对当下课程发展现状和推广情况进行计算并利用图表进行呈现，着重对市场走向和市场需求进行预测，以按照真实、科学的数据分层次实现推广任务，利用短视频和陈述事实案例的方式加强课程功能介绍，吸引更多的国内外学习者。跨境远程汉语国际教育是新时代下现代远程教育与汉语国际教育融合发展的形式，网络教育学院的学生将市场营销、现代网络技术和汉语国际课程相整合，以推广平台为基础，以推广渠道为指导，将产品、价格与促销三者融合后形成项目主体，有效扩大了国际生源市场，使得汉语国际教育的推广成为具有市场指向性的可持续发展产业链。互联网和通信技术的发展为当下汉语国际教育的推广提供了新的工具和媒介，其特有的"一呼百应"效果和极大影响力是推动汉语国际教育发展的强有力的"武器"。

　　当前，高校在开展汉语国际教育时，应以"线上＋线下"混合式教学模式为主，不断加强互联网投入与内容建设，了解不同受众群体的实际需求，从而确保汉语国际教育的可持续发展。具体来说，在开展汉语国际教学时，教师应结合学生的实际学习情况、不同地域文化特色，将相邻地区和具有相似汉语学习情况的学生聚集到一起，形成学习集群，以便更好地开展集体授课。同时，教师应保障线上教学与线下教学二者之间的平衡与协调，根据教学任务合理地使用教学模式，在线上让学生开展自学和拓展学习，在线下引导学生解决学习重难点和存在的问题，充分利用两种教学模式的优势，达到优势互补、资源整合的效果。未来，汉语国际教育向纵深化和专业化进一步发展既离不开教育工作者的努力，也离不开新兴技术的支撑，实现教学主体和教学模式共同发展、携手并进是汉语国际教育未来发展的主要指导原则和工作方向。

第二章　汉语国际教育传播分析

汉语国际教育日益成为实现国内外语言文化交流、促进国内外紧密联系的重要途径，逐渐扩大了汉语和中华文化的影响力。汉语国际教育展现了汉语的独特魅力，加强了汉语及中华文化与其他语言文化的交流，增进了世界对中国的了解。本章则主要对汉语国际教育的传播效果进行分析。

第一节　传播学与汉语国际教育

一、传播学与汉语国际教育的联系

对外汉语教学事业起步于 20 世纪 50 年代初。1950 年 7 月，清华大学专门成立了东欧交换生中国语文专修班，随后越南留学生中国语文专修班、非洲留学生办公室先后成立，1962 年北京语言大学的前身——外国留学生高等预备学校成立。改革开放之后，自费留学生开始进入中国的高等院校，对外汉语教学进入蓬勃发展阶段。

21 世纪，世界范围内掀起一股学习汉语的热潮，为了满足越来越多的外籍人士学习汉语的需求，我国开始在海外设立孔子学院，在教授汉语的同时传播中国文化。

传播学是 20 世纪出现的一门新兴学科。1997 年传播学正式被定为国家二级学科，成为一级学科新闻传播学的重要组成部分。传播学的研究对象不像许多成熟学科那样已有公认的定论，其研究领域也不十分明确，但概括地讲，人类的所有传播现象都是传播学的研究对象。人们使用符号，通过某种媒介来相互交流信息的活动都称为传播。来自不同研究领域、研究不同课题的学者从不同的角度分析传播学问题，形成了传播学的分支领域，比如大众传播学、跨文化传播学、教育传播学、广告传播学等。

传播学自进入中国，就与语言结缘，早期中国大学有语言与传播系，现在一些大学还有语言与传播学院。语言是人类实现传播的主要符号，传播离不开语言，而语言离开传播也失去了其存在的意义，由此可见，语言与传播息息相关。汉语国际教育本身是一种传播行为，而且是有关语言教育的传播行为，自然与传播学交集甚多。从传播类型来看，汉语国际教育囊括了人内传播、人际传播、群体传播、大众传播等多种传播类型。汉语学习者思考问题、完成作业进行自主学习属于人内传播；学习者与老师和同学对话、讨论、交流学习经验又属于人际传播；多位汉语学习者同时参与课堂学习属于群体传播；为方便汉语学习者进行学习出版教材、制作广播电视节目属于大众传播。另外，由于汉语国际教育的参与者来自不同的社会阶层、属于不同的文化圈、带有不同的母语背景，汉语国际教育又兼有跨文化传播的特点。从传播学角度分析，汉语国际教育的组织者如教师、相关教材编写人员、相关节目制作人员等可以看作传播者，汉语学习者可以看作受众，传播者与受众以人或物为媒介，交流信息开展传播活动。传播者对传播信息的选择、对媒介的选择、受众的背景、受众对传播信息的筛选等都会影响最终的传播效果。

二、汉语国际教育的传播过程

（一）汉语国际教育的传播者

1. 汉语国际教育传播者的内涵

汉语国际教育是一种包含多种传播类型的传播活动，在全球范围内有着重要影响。在汉语国际教育传播过程中，传播者发挥着重要的作用。以传播学为视角，通过分析汉语国际教育传播者的内涵，对汉语国际教育传播者进行界定，以便对汉语国际教育传播者的类型进行分析。

在传播的活动中，传播者是利用一定传播媒介传播某种信息的社会组织或者个人，传播者可以是组织，也可以是个人，推动了传播活动的发展。传播者利用不同的传播媒介，对传播过程进行调节和控制，选择合适的传播内容，促进受众对传播信息的接收，从而有效地实现预期的传播效果。

汉语国际教育是一种教育活动，同时也是一种国际传播活动，在国际范围内传播汉语和中华文化，我们可以运用传播学理论进行分析。我们可以将这一传播过程划分为汉语国际教育传播者、汉语国际教育传播内容、汉语国际教育传播媒介、汉语国际教育传播受众以及汉语国际教育传播效果五个部分。[①] 其中，汉语国际教育传播者是利用电视、广播、网络等媒介，面向世界各地的汉语学习者传递汉语国际教育信息的组织或者个人。

汉语国际教育传播者是汉语国际教育中最基本的传播要素，是该传播活动的起点。负责传播内容的选择与传播，在传播活动过程中占据主导地位。根据汉语国际教育的目的，汉语国际教育传播者对传播内容和传播模式进行选择控制，面向汉语国际教育受众，决定通过某种传播媒介传递与中国语言文化有关的内容。

由此可见，汉语国际教育传播者在汉语国际教育中发挥着重要作用，决定着汉语国际

---

① 张晓曼，谢叔咏. 传播学视域下汉语国际教育受众分析［J］. 山东大学学报（哲学社会科学版），2016（2）：116.

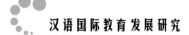

教育传播活动的发展、传播媒介的选择、传播的内容与质量，对整个汉语国际教育的发展起着决定性的作用。

2. 汉语国际教育传播者的类型

随着汉语国际教育的发展，汉语国际教育类型呈现多样化的特点，汉语国际教育传播者的类型也具有多样化的特点。

在汉语国际教育中，凡是通过不同的媒介传递中国语言文化信息、并对众多学习者产生影响的组织或个人，都可以称为汉语国际教育传播者。因此，汉语国际教育传播者包括国家政府、组织机构和个人三种类型。不同类型的传播者决定着传播的内容和形式，进而影响着汉语国际教育的传播效果。

国家政府在汉语国际教育中有着重要影响，通过语言政策与战略的方式推动汉语和中华文化走出国门，走向世界。组织机构则通过系列活动，利用不同的传播媒介，对汉语国际教育传播内容进行选择，并传递给受众。组织机构包括孔子学院，国内外设置汉语专业的大学，国内外开设汉语课程的小学、初中、高中，国外华文教育学校以及国内外私立汉语培训机构、培训班等。汉语国际教育传播者中的个人，包括从事对外汉语教学的国际汉语教师，即孔子学院的汉语教师及志愿者，设立在国外的对外汉语教学机构的对外汉语教师，国内外设置汉语课程的各级学校的汉语教师，以及社区及私立汉语培训机构、培训班的教师；还包括汉语广播、电视及相关网站的节目内容的编辑和制作者，各类汉语书籍、期刊、教材的编辑等。

由此可见，汉语国际教育各类型的传播者众多。限于篇幅，在此重点针对具有专业性和权威性的国家政府、以孔子学院为代表的组织机构、以国际汉语教师为代表的个人进行研究。对各类型传播者的具体分析如下。

（1）国家政府。在汉语国际教育众多传播者中，国家政府是最具影响力的传播者，对汉语国际教育传播过程进行政策指导。国家政府作为汉语国际教育传播者，对汉语国际教育发展的控制与指导具有最高的权威性。

国家主要通过政府行使国际传播职能①。汉语国际教育首先是以国家政府为代表所开展的国际传播活动，国家政府在汉语国际教育活动中扮演着中国语言文化传播者和控制者的角色，在跨国、跨文化的语言文化交流中对汉语国际教育发展的方向进行把关和控制。

我们国家对外树立了良好的传播者形象，使得汉语国际教育活动受到广泛欢迎，使其成为国与国之间语言文化对话交流的重要平台。国家政府通过提供良好的国内外环境，保证了各类教学和文化活动的顺利有序开展。汉语国际教育传播活动是我们国家软实力建设的重要方式，国家政府对这一传播活动的重视，加强了中国语言文化的传播力度，使得汉

---

① 李智.国际传播［M］.北京：中国人民大学出版社，2013：78.

语国际教育的影响范围得以扩大。

（2）组织机构。组织机构的发展一方面受到国家政府的重要影响，另一方面又对个人传播者进行培养和指导。孔子学院作为汉语国际教育的重要组织，是汉语国际教育的重要传播者，具有一定的权威性。下面以孔子学院为例，对组织机构这一类型的传播者进行分析。

为促进汉语和中华文化影响力的提升，自 2004 年起，我国借鉴其他国家传播本民族语言文化的经验，设立海外教育机构"孔子学院"。作为非营利性的教育机构，孔子学院以传播汉语和中华文化为宗旨，促进了中国语言文化的对外传播，成为汉语国际教育的重要传播者。孔子学院以汉语教学和文化传播为主，同时也进行其他的传播活动。比如，组织汉语教师的培训，为各国孔子学院提供各类教学资源；开展多种类型的中外交流活动，以满足国际范围内的汉语学习者的学习需求；为检验汉语学习者的学习成果，举办 HSK 汉语水平考试，为中外有相关业务来往的人提供交流平台；为各国优秀的汉语学习者提供来华留学的机会；加强国内外大学间的合作交流；等等。汉语国际教育的发展离不开孔子学院这一组织传播者的高质量发展，以及孔子学院作为传播者对汉语国际教育传播的重要指导。

孔子学院等组织机构负责汉语国际教育传播内容的选择与开展，进行不同的教学设置与文化活动展示，推动汉语国际教育的传播。不同国家地区的汉语组织机构的发展因为不同的国情而存在差异，在发达国家和发展中国家的办学模式、所面临的挑战等不尽相同。为使汉语国际教育更具有针对性，各组织机构应充分发挥汉语国际教育传播者的作用，开展丰富多彩的教学和文化活动，形成适应当地特色的传播模式，为汉语国际教育受众了解汉语和中华文化提供平台。

（3）个人。在汉语国际教育传播过程中，国家政府和组织机构是重要的传播者，但是归根到底，汉语国际教育的传播还是要通过人与人的交流沟通才能得以完成。这也说明了在人际传播过程中个人发挥着重要作用。以国际汉语教师为代表的个人控制着汉语国际教育具体的传播活动，是汉语国际教育中的重要传播者。

在汉语国际教育中，汉语学习者直接通过以国际汉语教师为代表的个人来接触和了解中国。因此，个人传播者是汉语国际教育传播活动的起点，是汉语国际教育传播活动的实践者，影响着汉语国际教育的质量，决定着传播的有效性。在以汉语国际教育传播者为代表的个人类型传播者中，孔子学院派出的汉语教师与志愿者经过了专业的培训与选拔，具有很强的专业性和权威性，是汉语国际教育的职业传播者。

在新形势下，孔子学院总部为提高汉语教师的教学质量，更好地实现汉语国际教育发展，在部分孔子学院所在大学设立核心教师岗位，聘用核心教师。另外，近几年专职教师

数量明显增加，这些都体现了汉语国际教育更加注重传播者的专业性与权威性，不再单纯以数量扩大影响力，而是促进汉语国际教育走向更为专业化的发展道路，可以为世界乃至全球范围内的众多汉语学习者提供更为优秀的传播者队伍。

从整体来看，我国每年派出的汉语教师与国际汉语教师志愿者数量都较大，这与世界范围内不同地区的汉语学习者的需求相关。因此，满足日益增长的受众需求，为汉语国际教育传播提供足够数量与质量的传播者，从而增强传播的效果，成为汉语国际教育发展的重要内容。这就要求我们应加大汉语国际教育中教师的培养和培训力度，培养一支专业的汉语国际教育教师队伍，并加强对本土教师的规范化培训，从而促进汉语国际教育传播者的发展，同时进一步提升传播者的质量和数量，为汉语国际教育的发展提供高素质的传播者队伍，提高传播的效果。

3. 汉语国际教育传播者的特点

汉语国际教育传播者既具有传播学中一般传播者的特点，也因为汉语国际教育学科的特点而具有特殊性。

（1）汉语国际教育传播者具有跨文化特点。作为一种国际传播活动，汉语国际教育同时具有跨文化传播的特点，而传播者是这一传播行为的起点和主导者，同样也具备跨文化的特点。传播者只有具备跨文化能力，才能在跨文化交流过程中更好地了解汉语学习者的学习需求，从而指导汉语学习者进行汉语和中华文化内容的学习。

（2）汉语国际教育传播者具有专业性特点。不管是国家政府、以孔子学院为代表的组织机构还是以国际汉语教师为代表的个人，都需要具备专业的传播者素养，在汉语国际教育中凭借专业性与权威性对汉语学习者产生影响，并为众多汉语学习者所信赖。汉语国际教育传播效果的实现，源自专业的传播者对这一过程的指导与把关。

（3）汉语国际教育传播者具有多样性的特点。汉语国际教育的传播类型呈现多样化的特点，包括了国家政府、组织机构和个人等多种类型。汉语国际教育不同类型的传播者在传播中的角色地位及作用不同，正确了解传播者有利于在汉语国际教育传播过程中有效提高传播质量和效果，更好地推动汉语国际教育的发展与传播。

（4）汉语国际教育传播者具有系统性特点。汉语国际教育传播者既包括组织机构，又包括个人，来自不同的社会领域，承担着不同的社会责任，起到不同的作用。尽管如此，传播者之间并非存在着巨大的隔阂，相反的，不同的传播者相互配合、相互协调，都处于汉语国际教育传播过程的起点，共同形成了一个完整有序的系统，促进了汉语国际教育这一传播行为的有序性。各类型的传播者密切配合、互相协调，决定了整个汉语国际教育活动的发展。

（二）汉语国际教育的传播类型

汉语国际教育成为世界各国逐渐了解中国的重要途径，"其传播速度、传播范围及受众均发生了质的变化"①。随着汉语国际教育传播范围不断扩大，其传播类型逐渐呈现多样化的特点。按照传播范围由大到小划分，汉语国际教育包含国际传播、大众传播、组织传播和人际传播等类型。

1. 国际传播

国际传播是指在国际范围内进行的传播活动。汉语国际教育在国际范围内展开中国语言文化的传播。例如，作为汉语国际教育中的重要组织，孔子学院已经遍及国际各洲，在不同国家和地区间开展不同的汉语教学和文化活动，以增进我国与其他国家之间的语言文化交流，让国际了解汉语及中华文化。此外，国际范围内的其他汉语培训组织，同样将中国语言文化传播至世界各地。因此，从传播范围上来看，汉语国际教育属于一种国际传播活动。

作为一种国际传播活动，汉语国际教育具有跨文化传播的特点。因为在面向不同国家、地区的对象传播汉语和中华文化的过程中，一定会存在与其他文化接触交流的情况，从而形成汉语国际教育的跨文化传播。

2. 大众传播

大众传播是一种复杂的社会现象，其定义较多。传播学者郭庆光认为"大众传播是专业的媒介组织运用先进的传播技术和手段，以社会上一般大众为对象而进行的大规模的信息生产和传播活动"②。汉语国际教育活动属于大众传播类型，传播者利用网络、教材、广播等多种传播媒介提供汉语和中华文化的信息，所面向的对象是数量众多的汉语学习者，并以传播汉语和中华文化、提高中国语言文化影响力为目标。

汉语国际教育借助书籍、电视、网络等丰富的传播媒介进行传播。例如，各类汉语教材的使用推动了汉语与中华文化的广泛传播，促进了我国与其他国家的语言文化交流。而网络技术的发展也进一步扩大了汉语国际教育发展的规模和速度，例如网络孔子学院为汉语学习者提供了众多学习机会，满足了不同层次的汉语学习者的学习需求。另外，汉语国际教育的传播对象具有广泛性特点，汉语国际教育以汉语学习者为对象，目前汉语学习者的数量众多，其年龄、国别及文化背景等差异也较大。综上来看，汉语国际教育作为一种传播活动属于大众传播。

3. 组织传播

组织传播是以组织为主体，在组织内部或者不同组织之间进行的信息传播交流活动，组织依赖语言传播进行信息的交流沟通。③汉语国际教育是通过各类组织机构对汉语和中

①　李洁麟．传播学视野下的汉语国际传播［J］．新闻爱好者，2013（2）：45．
②　郭庆光．传播学教程［M］．北京：中国人民大学出版社，2011：99．
③　郭庆光．传播学教程［M］．北京：中国人民大学出版社，2011：89．

华文化进行有序传播的活动，其发展离不开组织传播。以孔子学院为例，作为汉语国际教育传播中重要的组织机构，孔子学院应根据当地实际，开展不同类型的汉语教学及文化活动，同时，各地区的孔子学院之间也应密切联系，听从孔子学院总部的领导。

按照汉语国际教育的需要，孔子学院组织内部分工专业化，总部设立理事会，不同的岗位具有不同的职责，组织内部有一定的制度要求，整个组织的运作具有协调性，以保证汉语国际教育活动的顺利开展。随着孔子学院发展和管理的日益完善，国家在部分孔子学院较为密集的地区成立区域中心，推动了不同孔子学院在区域范围内进行合作交流，同时在不同的组织机构间的传播影响力也得到加强。另外，孔子学院与其他国家的语言机构展开学习交流、各个孔子学院之间的交流沟通也是一种组织传播过程。汉语国际教育在组织传播过程中树立了品牌形象，为增强汉语国际教育的生命力提供支持。

4. 人际传播

人际传播就是人与人之间进行的传播活动，包括直接传播和间接传播两种形式，直接进行面对面信息交流的过程是直接传播，而需要借助传播媒介进行的信息交流过程是间接传播。汉语国际教育的传播过程中离不开课堂教学和文化活动开展，课堂教学和文化活动是国际汉语教师与学习者进行交流沟通的过程。因而，汉语国际教育活动是典型的人际传播活动，在开展教学和文化活动时实现传播者与受众的互动交流，促进了汉语及中华文化的传播。

汉语教学是汉语国际教育过程中的重要环节。在汉语课堂中，教师通过一定的语言、手势对汉语知识和中华文化等传播内容进行讲解。而组织机构所组织的各类语言文化活动，也需要传播者对受众进行面对面的交流指导，进而实现汉语国际教育传播。此外，网络媒体的兴起与发展，促进了汉语国际教育在网络上的传播。网络上的汉语教学过程也是一种人际传播，虽然不是面对面进行汉语交流，但是借助网络媒介，同样完成了汉语国际教育的交流传播功能。

在汉语国际教育人际传播中，传播者通过不同的传播媒介，将中国语言文化等内容传播给汉语学习者。汉语国际教育传播者是人际传播的开始，如果没有传播者，汉语国际教育这一传播行为就不会发生。在人际传播中，汉语国际教育传播者加强了与受众的互动交流，传播者能及时了解受众在学习时存在的问题，同时，汉语国际教育受众也通过传播者的讲授了解汉语和中华文化，进而侧面地了解中国。

（三）汉语国际教育的传播信息

语言与文化是汉语国际教育传播活动的两大传播信息。语言是文化的载体，没有语言，文化无从发展和传播。语言本身也是一种博大精深的文化，在中华五千年的灿烂文明中，汉语光彩夺目。现今中国硬实力发展迅速，而软实力发展跟不上国家前进的步伐，汉语国际教育事业的发展，是中国软实力提升的重要契机，中国文化可以借助汉语的传播与推广走向世界各地。不管是从现实需要还是从长远的战略发展来看，语言与文化都是汉语国际教育传播活动的两大主题，两者相辅相成，不可偏废。具体地讲，语言方面如汉语的语音、语法、汉字、词语等，文化方面如中国的历史、名胜古迹、饮食、宗教信仰、民族风俗、传统艺术等，都是汉语国际教育的传播信息。

在过去很长的一段时间里，我们只是专注于语言的教学而忽视了文化的传播，现在我们应对两者都重视起来并且将其结合起来。当然在文化传播过程中，难免会遇到不同价值观相互碰撞的问题，这就要求我们在文化传播过程中，循序渐进，先传播物质文化，也可以向学习者介绍流行歌曲、电影、电视剧等文化作品，剪纸、中国结、刺绣等民间艺术。而对于儒家文化、道家文化等精神文化的传播，应注重讲解这些文化与学习者自身文化背景的共通性，以尽量消除学习者的排斥情绪，提高其对中国文化的认同感。

（四）汉语国际教育的传播媒介

媒介是传播过程中传播者与受众之间的中介，书籍、广播、电视等都可称为媒介。在一些传播活动中，参与者本身也充当了媒介。汉语国际教育的传播媒介主要有三种：印刷媒体、电子媒体和网络媒体。

有关汉语学习的各类教材、书籍、报纸、杂志，如《博雅汉语》《汉语口语速成》《学汉语》等都属于印刷媒体。印刷媒体是汉语国际教育的最主要传播媒介，就印刷媒体而言，教材和相关书籍种类多样，而供汉语学习者学习的报刊种类比较少，目前比较成功的此类杂志有《学汉语》《汉语世界》。

中国国际广播电台的汉语学习类节目是目前汉语国际教育电子媒体的主力军。除此之外，2008年成立的黄河电视台电视孔子学院也播出了许多汉语学习类节目。如《每日汉语》《教汉语》《你好，中国》《快乐汉语》都是目前非常受欢迎的汉语学习类节目。另外，由湖南卫视和湖南教育台共同承办的"汉语桥"中文比赛，也深受汉语学习者的喜爱。

目前汉语国际教育的网络媒体也取得了不小的发展，国内的网络孔子学院和汉语学习类电视节目的官方网站都具备了一定规模，汉语学习者可以通过这些网站接受网络教学、下载学习资料、交流学习心得、观看学习视频。中国国际广播电台也推出《你好，中国》系列 App 应用，以供广大汉语学习者通过手机应用程序进行汉语学习，这是手机媒体化时代汉语国际教育媒介发展的新举措。

从传播媒介来看，汉语国际教育的媒介形式多样，有印刷媒体、网络媒体、电子媒体。另外，从事汉语国际教育事业的个人也可看作一种媒介形式。需要注意的是，我们应兼顾各种媒介形式，在专注印刷媒体的同时，大力发展网络媒体和电子媒体，并积极开发像手机应用程序这样的新媒体。

第二节　汉语国际教育传播效果分析

一、汉语国际教育短期传播效果

（一）行为效果模式与汉语国际教育传播

传播效果分为短期效果和长期效果。短期效果主要采用美国学者提出的行为效果模式，这个模式虽然是针对电视传播设计的，但它同样可以用于汉语国际教育传播。电视传播不仅"传授"行为，还让观众进行学习效仿并付诸行动。汉语国际教育的目的就是让学生在接受"传播"后能有效地理解，模仿说汉语，并举一反三，理解中国文化，学习中国文化，从而理解中国、热爱中国，并成为中国的粉丝。正是基于汉语国际教育和电视传播"刺激—反应"模式的共通性，建立了汉语国际教育的短期效果模式。

汉语国际教育传播的过程描述基本如下：某学习者在接受汉语国际教育传播的过程就是接受传播者多种"输入"的过程，而汉语国际教育传播的"输入"就是指"教育行为"，比如汉语语音教学、汉语词汇教学、汉语语法教学、中国文化传播等。非直接"输入"，但影响传播效果的其他相关"输入"还包括："教育激发力"，即该教育行为的兴奋程度、激发力、吸引力、趣味性、动机；"教育替代物"，即同一教育环境中所展示的其他行动或行为形式。"教育吸收后果"，即接受者心理上判断接受该教育演示的行为会产生什么后果；"教育现实"，即所涉及的文化在现实中的使用程度。而"教育行为概率""机会""演示行为"都是对传播效果进行的直接调查。这三项内容主要反映了，经过汉语国际教育短期传播，接受者能否对传播内容进行模仿，并举一反三自由运用。该模式的中心命题是一个教育行为的特定描述，更可能导致对该行为的学习；对一位学习者来说，该行为在学习者心理上越是重要，该汉语教育就越具有激发力，并在该学习者所能看到的所有教育行为中也就越突出。即该模式主要讨论什么样的教育输入给接受者心理暗示，让接受者认识传播内容的重要性，以此更好地接受该传播，并主动进行学习模仿，从而体现出传播效果的有效。

（二）汉语国际教育短期传播效果分析

虽然汉语国际教育短期效果的调查问卷是依据所建立的行为效果模式而设置的，但为了更简单明了地对汉语国际教育传播的短期效果进行分析，按照传播者效果、传播过程效果和接受者效果三个方面，对调查结果进行进一步总结。其中"教育行为"和"教育输入"调查结果被划归为传播者效果，"教育激发力""教育吸收后果""教育现实""教育替代物"被划归为"传播过程效果"，"教育行为概率""演示行为""机会"被划归为接受者效果。但因为汉语国际教育传播是个相对复杂的过程，老师身份特殊，既可以在传播中充当传播者，又和传播媒介、传播途径、传播方式相联系，因此上述分类中有些部分会有交叉重叠。

就教育输入的结果而言，最好的传播者被认为是：热情开朗，能和学生像朋友一样相处的老师，采用全汉语教学方式，就每个知识点进行 2～3 次练习，老师要善于发现学生的优点并进行表扬。最好的传播过程包括传播环境、传播内容和传播方式。最好的传播环境包括：全汉语传播，最喜欢习题作为教学道具，用多媒体，话题准备和图片卡片类；最喜欢综合型教材，最不喜欢写作教材。最好的传播内容和方式则包括：语音传播时，偏好发音纠正的方式；老师能用生词造句的方式进行教学，学生偏好自己记忆，老师帮助学生理解句型和语法的教学方式，但对课堂活动的形式没有特别的偏好。接受者效果包括：大部分接受者希望能与中国人进行无障碍的交流；对以上传播内容，大部分学生表现出高理解性；5～6 成学生对单词、课文和语法表现出高效记忆，2 成学生表现出低效果、低记忆性；对单词的活用程度明显高于对语法的活用；能灵活运用所学单词进行造句的学生近 6 成，不太能活用单词的学生占 15.5%；对语法能进行活用的学生占 42.6%，不能进行活用的学生占 34.4%；而对于背诵课文，表现出能背诵的学生仅有 2 成，有近 6 成的学生表示不太能背诵，其中占 4.7% 的学生完全不能背诵。

汉语国际教育的文化传播方式，现今主要是两种："一是在语言课之外另设专门的文化课，以讲解文化知识为主要目的，内容包括汉语词汇文化，中国文学、历史、哲学、文化技艺等；二是语言课中融入文化教学，以交际文化为教学核心，目的在于帮助外国人成功地与中国人交往，涉及问候、寒暄、请客、做客、寻求帮助、咨询意见、商贸洽谈等日常生活和工作的方方面面。"① 在此认为，文化教学的最好方式是在语言课中遇到文化问题时进行展开讲解，这样既展现了中国文化融入中国人生活的一面，也让接受者认识到中国文化学习的重要性，从而产生对中国的文化认同。在文化输入的结果方面，有 16.4% 的学生表示没有接受过文化课传播，对剩下的学生调查结果而言，文化传播的传播者与语言传播的传播者类似：热情开朗、具有丰富文化知识的传播者，能和学生成为朋友的传播者更受接受者偏爱。传播过程同样包括传播环境、传播内容和传播方式。传播环境包括：全汉语传播。接受者认为最好的传播内容和方式是：图片展示和 PPT 是主要传播辅助工具，让接受者亲自体验或自己口述的方式进行文化传播，传播课的内容主要集中在茶道、剪纸、面具等传统的活动上，专业领域文化和中国南北差异文化也有涉及。接受者传播效果则指出：大部分接受者只接受 1 次文化传播，一部分接受了 1～3 次的文化传播；接受者表现出对中国更多方面的文化知识了解的愿望，主要是风土人情、城市、历史文化；中国

① 傅其林，邓时忠，甘瑞瑗. 汉语国际教育导论 [M]. 重庆：重庆大学出版社，2012，2 (1)：111.

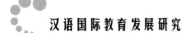

音乐和中国明星也受到年轻学生的喜爱。

1. 汉语国际教育传播者效果的分析

汉语国际教育传播有别于电视传播的关键在于传播者。一些专家对汉语国际的传播者提出了四个要求：一是建构性，激发学生强大学习潜能，让他们主动学习；二是综合性，汉语国际教育传播时要考虑传播者、接受者、环境、规则等因素共同进行传播；三是国际性，设计传播内容、传播方法时要考虑不同国家和地区的文化和国情；四是创新性，传播要有创新思维，要丰富传播方法和传播途径。① 这四点要求一方面体现了传播者在汉语国际教育传播中具有主导作用，既要全方面设计传播环境、媒介、内容和方式，还要考虑接受者自身的情况；另一方面也体现了传播者自身还需要具备极高的素质和专业能力，不仅要对所教授的内容做到成竹在胸，还要在传播时调动氛围，激发学生的学习激情。

就调查结果而言，不论是单纯的语言教育传播还是文化传播，学生更偏向于"像朋友一样的老师"和"亲切的老师"，最不喜欢的是严肃的老师，这样的传播者更利于他们接受所传播的知识，这就要求传播者在进行传播时要调整好自己的情绪，对接受者呈现出亲切耐心的态度，对接受者发脾气的老师会加重接受者的抗拒心理，不愿意对"刺激"进行"反应"。

在汉语国际教育传播中，传播者在对接受者进行传播的同时还要对接受者进行管理，这种管理不仅仅体现在课堂规则的制定上，如课堂上接受者是否能完成指定任务、能否在接受传播"刺激"后及时进行模仿"反应"，甚至还包括课后作业的完成程度等。就调查结果而言，在对老师布置作业的态度上，大部分学生认为对学习很有帮助，会认真完成，有时会做或从来不做的学生非常少，这也表现出传播者对接受者管理的有效性。传播者对接受者进行管理时应注意两点，一是接受者的语言水平。本次调查的对象大部分是学习汉语半年以上的学生，他们都有一定的汉语基础，对语音规则的学习显然不感兴趣，而更多地倾向于发音纠正、单词记忆和语法学习等实践。传播者要对接受者有基本的了解，才能更好地组织自己的教学传播。二是坚守规则。规则是传播者和接受者之间约定俗成的，一旦建立就具有一定的效力，既包括遵守课堂纪律、完成作业，也包括传播者在收到接受者给予正确"反应"的回馈后应当给接受者适当的鼓励和支持，因为不论老师对每个学生都表扬还是只表扬成绩好的学生，大部分学生都认为对我有用。

2. 汉语国际教育传播过程效果分析

传播过程相对复杂，主要包括传播环境、传播内容、传播方式等。

课堂作为第一传播环境要考虑物理环境和语言环境两种因素。所谓物理环境，包括教室的明亮程度，教室里是否有关于汉语传播的辅助性工具，以及进行传播前用以吸引接受

---

① 闻婷，常爱军，原绍峰. 国际汉语课堂管理［M］. 北京：高等教育出版社，2013.

者注意力的道具等。

调查结果显示，习题是学生最喜欢的教学道具，其原因可能是学生可以通过习题更准确地理解汉语复杂的语法。其次是多媒体、图片、卡片和话题准备等，既能吸引学生注意力，又能给学生一定的任务分配型教具，更有利于接受。在最喜欢的教材类型中，综合性教材和语言技能类教材占有绝对优势，学生最不喜欢的是写作指导教材，但 HSK 六级考试中写作占有非常重要的比例，这对教写作的老师如何更加灵活有趣地利用写作教材是一个挑战。

文化传播的环境相对复杂一点，接受者能亲自参与非常重要，因为实践出真知，只有接受者亲自参与文化活动才能更好地理解中国文化；对于不能亲自参与的文化项目，大部分传播者都采取了图片、PPT、影像资料等形式，这种方式比起呆板的口述更加形象生动，但是要注意所选取的影像资料难易程度要合适，否则不利于语言学习者接受。

更重要的是要根据接受者的需要，创造能促进他们接受的语言环境。虽然大部分的学者认为儿童习得语言的过程非常具有借鉴意义，但在特定课堂的传播环境中，接受者只有有限的时间，如何有效利用这短暂的时间提高传播效果对于每一个传播者都是一种挑战。就调查结果而言，接受者更喜欢将第二外语作为纯传播语言的传播环境。不仅仅是语言，接受者也更喜欢符合生活实际、具有实用性的语言环境，因为这样的语言环境更能激发他们学习的兴趣。平时生活中反复利用也有助于接受者主动模仿。

就传播内容而言，语言教育传播不能忽视接受者的主观需求，即具有实用价值，能在实际生活中运用，能反复模仿的内容。文化传播内容过于千篇一律的现状和接受者渴望了解的文化内容相差太大，如茶道、剪纸、面具一类象征意义传播活动太多，只注重形式模仿而不注重解释其实质内涵。学生更渴望多方面了解中国文化，包括建筑艺术、城市、风土人情等。另外，社会交际文化在文化传播中几乎没有涉及，对中国的交际文化了解不足会给留学生在中国生活带来不便，产生交往障碍。很多留学生反映和中国学生见面常常没有话说，不知道该聊些什么。事实上，文化传播可以作为语言教育的辅助，加强学生对中国的了解，增加他们继续学习语言的兴趣，但是就文化传播调查结果来看，并没有这样的作用。

在中国传统的教学方式中，一直很重视背诵课文的作用。但调查显示，大部分接受调查的学生表示非常讨厌背诵课文这种形式，这与接受者的意愿背道而驰，当然不能使接受者对"刺激"进行"反应"。但是，传播者主观认为背诵课文是有利于接受者学习的，这就需要传播者和接受者之间达成共识，让接受者认识到背诵课文对汉语学习的好处，同时丰富背诵课文的形式，让背诵课文的过程更加有趣，从而让接受者主动参与到背诵课文的传播方式之中。另外，文化传播的形式也相对单一，文化活动课的开展很难长时间吸引接

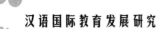

受者的注意力，应该更多地考虑在平时的教学中多投入文化传播，尤其是交际文化。交际文化是语言教育中不可分割的一部分，缺乏交际文化的语言教育是没有意义的。

3. 汉语国际教育接受者效果分析

汉语国际教育传播有别于电视传播的另一点在于汉语国际教育的接受者是特定的，而电视传播的接受者则是随机的。有特定接受者的传播比随机传播更有针对性，接受者在接受"刺激"后的"反应"也更迅速及时。汉语国际教育的接受者具有自主模仿力，只要传播者理解接受者的需求并给予适当刺激，就会得到所需要的"反应"。第二语言教学要正视传播者的"特殊性"，教学传播内容的"实践性"和语言传播给接受者带来的"可能性"，所以传播者在进行传播时不能忽视接受者自身的特殊性和对传播内容"实践"的要求，也不能忽视他们试图通过语言学习拓展自身"可能"的要求。

另外，不能忽视接受者对传播内容的要求。留学生普遍希望所学内容有助于他们进行日常对话，教材符合实际生活以及对他们的日常沟通有所帮助。同时，学分需求也是留学生的一个特征，因此他们偏向于喜欢相对轻松的话题口试和基于教材的闭卷笔试。传播者如果善于利用接受者的这些特征，在平时传播过程中加以利用引导，应该会得到更有效的传播效果。

在文化传播中，大部分的接受者认为通过文化传播加深了对中国的理解，改变了对中国的看法。通过跟留学生的交流发现，不少留学生表示希望能在中国就业。这些接受者的反馈体现出文化传播的重要意义。所以今后的文化传播更应该考虑从接受者需求出发，加强文化的相互理解、相互尊重，合理安排课程内容，提升接受者对文化传播的兴趣。

4. 短期效果调查存在的缺陷

调查问卷对汉语国际教育的短期传播效果进行了调查统计，得出的结论具有一定的代表性，可以反映出汉语国际教育的短期传播效果。但是由于种种局限，该调查问卷中还存在很多的不足之处，主要存在以下几个问题。

首先，受调查对象有限，调查对象为留学生，且受地缘影响，留学生以韩国学生为主，还有少量的日本学生和欧美学生。调查数据显示，在调查对象自身情况的调查中，在学习汉语原因、时间、水平的调查中，均值最高的为 3.48，最低的为 2.48，标准差最高为 1.92，最低为 1.23，这说明接受调查的 137 名学生自身语言水平过于接近，而这对本次调查其实是不利的。就目前情况来看，全球学习汉语的人数不断增加，年龄层、职业分布、语言水平也是参差不齐，但是因为本次调查对象主要集中在学校，汉语国际教育传播接受者比较单一，所以调查结果在一定程度上缺乏普遍性。

其次，本次调查共分为两个部分，汉语国际教育传播下共设两大板块 21 个问题，其中针对传播者的问题有 2 个，针对传播内容和传播方式的问题有 7 个，针对接受者对传播的看法的有 7 个，接受者对传播效果的主观判断的问题有 7 个；在文化传播问题下设两大板块 11 个问题，针对文化传播者的问题有 2 个，传播内容方式等的有 2 个，接受者参与情况的有 2 个，接受者对文化传播效果的直接反馈和主观判断的有 5 个。显然，针对教育传播者的问题太少、比重太小，忽略了在短期传播中传播者对传播效果的重要影响。

最后，基于数据统计的结果分析虽然具有依据性，但是由于水平有限，所依据的理论知识相对匮乏，难以归纳得出更加精确更加完美的结论。

二、汉语国际教育长期传播效果

（一）涵化模式在汉语教育中的长期效果

所谓涵化模式，简而言之，就是指长时间的传播会对人产生潜移默化的影响，这种影响是缓慢而不显著的，是一个日积月累、由渐变到质变的过程。最初，涵化模式研究的是电视收视对人们认识世界的影响。电视对人的认知产生潜移默化的影响，导致人对世界的认知越来越倾向于电视上所说的，而远离世界本来真实的模样。

（二）汉语国际教育传播的长期效果分析

就抽样调查结果而言，受访者年龄大部分集中在 20～24 岁，30 岁以上的受访者只有 1 位。大部分受访者通过了 HSK5 级，1 位没有参加过 HSK 考试，一位只有 HSK4 级水平。在中国生活半年以上的受访者有 7 位，剩下 3 位仅生活了两个月。

在汉语学习的问题中，学习方法普遍包括上课、课外辅导，少数学生喜欢看中国的综艺、娱乐节目和电视剧。经过三年的汉语学习，受访者表示当前学习时期是汉语学习最难的时候，主要体现在口语交流中，不能对话常常给学习三年以上的汉语学习者很大的心理打击；也有在中国居住时间较长的受访者表示随着学习深入，长文段阅读越来越吃力。而且受访者普遍采取看书、看电视剧等模仿中国人交流的方法学习，但仍然感觉交流问题常常得不到很好的解决。虽然受访者在中国生活了一段时间，但是在和中国人交流时，常觉得无话可说。这与短期效果研究调查结果一致，受访者普遍认为学习内容缺乏实用价值。

中国人热情好客，对外国人非常亲切，这给他们留下了很好的印象。但是就中国传统文化方面，受访者普遍没有主动提及。如再三追问，会表示有上过书法课，老师上课会介绍一点中国人生活习惯和文化知识，但是知道得不多。而就以后想进一步了解的中国文化知识，意料之外的是，对企业文化的了解需求占了接近一半；受访者主要根据兴趣选择对中国文化感兴趣的部分，包括建筑、电视音乐、南北差异、交际文化等。

就上述调查结果而言，语言教育传播方面，第一，忽视语言交际功能。接受者的第一需求是沟通能力，三年以上汉语学习者都认为自己具有一定的语言能力，因为通过了 HSK4、5 级考试，但在和中国人沟通交流时还是觉得很困难，有很多阻碍。所谓交际能力，既包括使用语言的正确性，也包括使用语言的适切性。而语言的"正确性"和"适切性"常常让接受者感到困惑。在此认为接受者交际能力缺乏的主要原因可能包括以下几点：一是汉语本来是一门很难的语言，接受汉语国际教育长期传播的人会更迫切地想要运用这种语言，但是交际能力实际是潜移默化的能力，接受者心态上急于求成反而会对其"模仿"造成阻碍；二是汉语国际教育传播过程中过于重视知识性教学，传播中接受者一味地机械"学习"，在知识上构建了对汉语全新的认识，但是缺乏输出模仿能力；三是传播中的语言环境和实际语言环境有很大差距，接受者可能适应了汉语国际教育传播时的语言环境，但汉语国际教育传播中的编码和日常生活中中国人的编码有出入，这让接受者在解码时受阻。第二，与短期汉语国际教育传播效果研究结果相反，汉语国际教育长期传播中传播者的重要性日益减弱。随着传播效果的减弱，接受者对汉语知识的构建日益完善，接受者难以再从传播者的传播中获取新的知识，所以接受者开始尝试别的传播途径，例如和中国人直接对话交流，收看电视综艺节目等。第三，汉语国际教育传播所传播的内容帮助接受者构建对汉语的认知，但该认知和"真实世界"（即真实语言环境）仍有差距。虽然三年的长期传播不能完全保证接受者对传播的内容完全掌握，但是时间越长，这种可能性就越大，因此需要重新审视，是否有传播者在编码环节或者传播内容本身就和真实的语言环境出入太大的问题。

文化传播方面：第一，汉语国际教育传播中过于注重形式化的传播内容，这些传播内容离接受者需求甚远，接受者在"学习"过程中不会投入太多，造成传播不畅，效果不明显。例如，茶道、葫芦丝、舞蹈、声乐的确很具有中国传统文化意义，具有表演性和观赏价值，但是现阶段的传播中过于注重这方面的文化，流于形式和表面，对中国文化之根的传播太少。第二，传播方式相对单调。不仅是内容上的肤浅，传播方式也过于局限于公开形式的表演、文化课等，固定形式和固定内容缺乏新意，无法激起学生们继续了解中国文化的兴趣。第三，文化传播不畅会造成语言学习困难，受试者普遍反映"和中国朋友聊着聊着就没话可说了"。"没有共同话题"体现出一种文化差距，甚至可能会造成文化冲突。第四，经济文化传播成为需求热点。大多数年轻留学生表现出对中国经济文化、企业文化的高关注度。随着世界经济进入全球化，"韩流"进入中国市场，但同时，中国也因为国际地位和经济实力逐渐在韩国形成一股"中流"，深受韩国年轻人喜爱。在此背景下，越来越多的人开始学习汉语，并对中国文化产生兴趣。一些留学生做出了"想在中国就业工作""对中国企业运营模式很关心""想了解中国企业内部文化，感觉和韩国企业文化很不一样"的表达。

在此认为，现有的文化传播内容多是从传播者自身出发，我们太想将中国文化"好"的一方面展现给留学生，却往往忽略了这些"好的"中国文化离接受者生活需求相去甚远。事实上，文化渗透于日常生活的方方面面，文化传播若是以传播接受者需求为主进行，可既注重表达中国文化精髓，又能更好地进行传播。

（三）汉语国际教育长期效果研究中的不足

第一，长期调查研究应该以实验研究和描述性研究相结合的方式进行，在此仅采取了描述性研究的方式。描述性研究主要针对"经验"研究，但事实上为了更好地研究汉语国际教育传播的长期效果，应该对从零基础开始学习的学生进行分期、分阶段汉语国际教育传播效果调查，这样既符合传播学"涵化模式"中"议程设置"调查方式，也更全面科学反映汉语国际教育传播的效果。为此，在此仅选取了有3～5年汉语学习经验者，进行了所谓"最终效果"的长期效果研究。研究更多地基于传播者，对传播过程及接受者的"学习经验"，缺乏一定的客观性。在此从效果研究模式上提供一点建议，希望将来能有学者对该项调查研究进行完善，得出更科学有效的结论。

第二，对文化传播效果研究在某种程度上缺乏一定的度量标准，在此仅能从文化传播的形式、接受者需求、文化传播造成的事实交际障碍上做出很浅显的调查结果，主要强调了文化传播中失误或受阻的部分，该结果并不能全面反映汉语国际教育文化传播效果。希望有志之士建立更科学、系统、全面的传播效果评估体系，在进行传播效果调查研究的同时更好地指导汉语国际教育传播。

第三，同短期汉语国际教育传播效果调查一样，长期汉语国际教育传播调查的对象也具有片面性。受访者局限于H大学（威海）的留学生，大部分是年轻的具有较强学习目的（比如就业）的韩国人，这些对受访者的定位，使本次调查研究结果在一定程度上缺乏普遍意义。

第三节　汉语国际教育传播的建议

在传播学视域下，为使汉语国际教育更好地发展，从汉语国际教育汉语传播和文化传播两方面提出以下建议。

一、对汉语国际教育汉语传播的建议

（一）汉语国际教育传播要具有国别化、地方性特点

汉语国际教育的国别化研究在几年前就已经提出，随着汉语国际教育在全世界范围内开展，对汉语感兴趣的学生日渐增多，汉语国际教育传播的国别化、地方性研究也将会引起更多学者的关注。

汉语国际教育传播中的国别化、地方性特点研究要从传播内容、传播方式与途径、接

受者的学习策略与背景文化等方面展开。只有对上述三个方面进行全方位的掌控，才能更好地控制汉语国际教育传播，达到预期的传播效果。传播者在接受培训时应提前对学生的文化背景有所了解，了解学生的学习策略能更有效地设计传播内容和传播方式。

（二）汉语国际教育传播要贴近真实的语言环境

这里所说的"真实的语言环境"，并不是单纯地指符合中国人语言习惯的语言环境，而是在考虑接受者文化背景的前提下，创设贴近日常生活对话的语言环境。比如"比"字句的教学，很多传播者在教授了"比"的句型结构后，就任意列举两个物体，让接受者做造句练习。但事实上，接受者在生活中并不会随便对任意两个物体进行比较，这个时候我们可以创设一个背景，比如最新上映的电影、刚出了新专辑的歌手等，在这样的话题下，再用"比"进行造句练习，学生就可以说出更贴近他们生活、更符合真实语言环境的对话。

（三）汉语国际教育传播要注重培养接受者的"学习"及"构建"能力

汉语国际教育进入主动传播以后，更强调传播者的作用，但是从调查来看，接受者"学习"越深入，传播者的作用就变得越小，接受者缺乏自主"构建"能力，会造成汉语国际教育进一步传播的困难。因此，传播者除了要注意传播内容、传播方式、传播途径，还要注意在传播过程中培养接受者自主学习、举一反三的能力。在教学过程中也会发现，因为 HSK 考试的缘故，很多学生能熟练地完成"把"字句的排词造句练习，但在日常交流中，他们常常不能正确完整地说出一个"把"字句，也并不清楚生活中什么时候应该使用"把"字句。也就是说，接受者"学习"了"把"字句的规则和用法，但并没有具备"构建""把"字句的能力，这其实是传播者没有培养出接受者自主"构建"的能力。如何让接受者摆脱单纯的模仿，具备这种"构建"能力，也是汉语国际教育传播中的一个重点。

二、对汉语国际教育文化传播的建议

（一）加强茶道、民族舞蹈、书法、剪纸艺术等的实用价值

这些虽然能在一定程度上引起汉语学习者的兴趣，但是长期而言，这些形式单调、缺乏实用价值的传播应该"另谋出路"。比如，茶道一定要展示精髓，语言不通、说明障碍常常让茶道展示流于形式；亚洲文化共性和差异一直都存在，展示中国文化要注重历史，以及中国文化和日本、韩国文化的比较；注重演绎展示描述，上述文化其实是与中国人生活息息相关的，如春节贴窗花、写对联等，与中国的书法艺术和剪纸艺术息息相关。丰富文化背景、实用意义能在一定程度上赋予这些流于形式的文化新的活力。

（二）注重"文化"渗透在我们的生活之中的意义

"文化"自身所具有的特点不应该只表现在"文化展示课"和"文化体验课"上，而应该更广泛地体现在教学过程中。举一个教学例子：汉语国际教师在韩国教授零基础的韩国学生，一般第一节课的内容除了拼音，还会涉及"你好"和"你叫什么名字"这样的内容。韩国学生因为文化差异，说"你好"要考虑对方身份地位、年龄等，常常对年长者行鞠躬礼，但是中国没有这样的文化习惯，中国人说"你好"或"您好"，并加上握手礼。因此，老师在教学时主动伸手，同时说"你好"，让学生跟着模仿。这样的教学不仅教授了语言，还体现了两国文化的差异，能在第一节课就拉近学生和老师的距离，这比反复地纠正发音更有意义。

文化渗透进生活的方方面面，体现在传播者的举手投足之间。日常语言教学应该渗透文化内容，体现文化差异，甚至可以表现地域差异等。比如，传播者普遍会介绍中国的节日和美食，可以加上中国南北差异；教商务汉语时也可以告诉学生中国公司的礼仪文化；面对韩国学生沉默、爱记笔记的特点，可以对比中国学生和韩国学生的学习方式，以此鼓励他们多发言等。总之，传播者应该谨记自己就是接受者所能接触的最直观的文化符号，将文化传播渗透进汉语国际教育传播过程之中，就能建立一条清晰的文化沟通之路。

（三）传播者要具备跨文化交际传播意识

缺乏"文化"意识会引起误解，造成交流障碍，因此，文化传播同样首先要贴近真实的语言环境，其次培养接受者的"跨文化交际"能力，包括对中国文化更深层次的认同感。缺乏共同的兴趣爱好，接受者脑海中缺乏对"文化构建"导致的。传播过程中不能仅注重语言传播，也可以聊聊中国人最近关心的问题，聊聊音乐、影视、体育运动等，帮助接受者建立除了教材以外的、真实的语言环境和中国人的生活文化等，接受者脑海中形成中国文化版图，就自然能找到和中国人进行交流的方式和话题。

另外，深层次的文化认同感更有助于进行跨文化交际。文化认同感并不是要求接受者忽略本民族自身文化，对中国文化无评判地一味接受，而是在全球化背景中改变自身狭隘刻板的种族中心主义和民族主义态度，对中国文化有更深层次的理解和认同，认同文化差异，接受中国文化，从而消除交流中的障碍。

第三章 面向汉语国际教育的字词句分析

对于母语非汉语的外国学习者来说，字词句的学习至关重要，不仅利于他们在交际中进行表达，也有利于加强学习者自身汉语表达能力。本章对面向汉语国际教育的字词句进行分析，学生可自行拓展其他类型的字词句。

第一节 面向汉语国际教育的字词分析

汉语副词种类繁多，交际中常用的转折义语气副词，因位置灵活、学生选用易混等因素，是汉语国际教育的重点和难点。随着汉语国际教育的发展，结合汉语国际教育对转折义语气副词的研究日益迫切。

一、转折义语气副词的本体研究

语言有三大要素，词汇作为其中一大要素，是语言学习的基础。语气副词在语言表达中使用频率较高，学生对转折义语气副词的选用容易混淆，是学生学习的难点，也是汉语国际教育的重点。

（一）转折义语气副词的界定及语义

下面对转折义语气副词进行界定，确定所要研究的具体词语，并明确语义，进而展开更加深入的研究。

1. 转折义语气副词的界定

学界对转折义语气副词的界定多有争议，齐春红界定辨别语气副词的标准有八条："第一，只能充当状语，其后一般不加'地'；第二，在句子中的位置比较灵活；第三，后面可以跟判断动词或强调助动词'是'；第四，前面不能加副词'不'，后面可以加副词'不'；第五，不能用'×不×'的形式重叠；第六，能单独用在一个句子里做全句的状语或补语成分里的状语；第七，一般不能用在是非问句中作状语的副词；第八，'×＋谓词'较少作定语，其中'×'为要判定的词。"[①] 史金生界定的语气副词有三条具有相容性的功

---

① 齐春红. 现代汉语语气副词研究 [M]. 昆明：云南人民出版社，2008：35—42.

能标准："第一，与其他句子组合后充当句子成分的能力；第二，与判断动词'是'同现时同现的位置；第三，在句子中的位置。"① 张谊生认为"副词的分类标准应该以句法功能为主要标准，以相关的意义为辅助标准，以共现顺序为参考标准"②。

"转折义语气副词"是指可以在句子中作状语的、位置比较灵活的、与常情常理或事实相反且侧重表示出乎意料的转折语气的副词。基于《现代汉语八百词》（增订本）③、《汉语水平词汇与汉字等级大纲》（修订本）、《国际汉语教学通用课程大纲》（修订版）中的收录情况，转折义语气副词有"倒""倒是""反""反倒""反而""竟""竟然""居然""偏""偏偏""偏巧""其实""却""实在"14 个。根据《现代汉语八百词》（增订本），"倒是"的语义与"倒"同义，"倒是"可认作"倒＋是"的组合；"反"作副词讲时，语义同"反而"，"反"多用于书面语；"偏巧"表示事实和希望或期待恰好相反时，同"偏偏"；"实在"承上文表转折时，与"其实"同义。因此，综合考虑词的语义及是否常用因素，"倒是""反""偏巧""实在"不计入此研究范围。因此，所论转折义语气副词共 10 个："倒""反倒""反而""竟""竟然""居然""偏""偏偏""其实""却"。

2. 转折义语气副词的语义

明确语义是转折义语气副词研究的基础。《现代汉语八百词》（增订本）所收词以虚词为主，也收了一部分实词，每个词按照意义和用法加以详细说明。下面内容以其转折义语气副词的语义为主要参考。

（1）转折义语气副词"倒"。①表示跟一般情理相反；反而；反倒。②表示跟事实相反。③表示出乎意料。④表示转折。"倒"后用表示积极意义的词语。前一小句可加"虽然"。⑤表示让步。用在前一小句，后一小句常用"就是、可是、但是、不过"等呼应。⑥舒缓语气。不用"倒"，语气较强。可以用于肯定句，后面限用表示积极意义的词语；还可以用于否定句。⑦用于追问或催促。

（2）转折义语气副词"反倒"同"反而"，多用于口语。

（3）转折义语气副词"反而"表示跟前文意思相反或意料之外，在句中起转折作用。

（4）转折义语气副词"竟"表示出乎意料：a. 居然。b. 竟＋动。c. 竟＋形。

（5）转折义语气副词"竟然"同"竟"。

（6）转折义语气副词"居然"表示出乎意料：a. 本不该发生的事，竟然发生。b. 本不可能发生的事，竟然发生。c. 本不易做到的事，竟然做到。

（7）转折义语气副词"偏"表示故意跟外来要求或者客观的情况相反，比"倒、反、

① 史金生. 现代汉语副词连用顺序和同现研究 [M]. 北京：商务印书馆，2011：58—59.
② 张谊生. 现代汉语副词研究（修订本）[M]. 北京：商务印书馆，2014：17.
③ 吕叔湘. 现代汉语八百词（增订本）[M]. 北京：商务印书馆，1999.

却"的语气更加坚决，常与"要、不"合用。可用于两小句中后一小句，还可用于两小句中前一小句。

（8）转折义语气副词"偏偏"。①同副词"偏"，此用法以"偏"为主。②表示事实与主观的想法相反。此用法以"偏偏"为主。"偏"可用于动词前，但不能位于主语前。③指"仅仅"或"只有"的范围，语气含不满意味。

（9）转折义语气副词"其实"表示所述情况是真实的，用在动词之前或主语之前。引出与上文相反之意，可以更正上文，对上文补充或修正。

（10）转折义语气副词"却"表示转折：a. 却＋偏（偏偏）。b. 却＋反而（反倒）。c. 虽然（尽管）＋却。d. 但（是）＋却。

"倒"和"却"的比较如下："却"所表示的转折语气比较轻，有责怪意味的"倒"不能用"却"。"倒"后多用表示积极意义的词语，"却"后不限。"却"没有"倒"的⑤⑥⑦项用法。

可见，不同的转折义语气副词有相近语义，许多语境中可以替换使用。转折义语气副词的语义可分为多项，如"偏偏"的语义，不仅有转折义，还有"单单、只有、仅仅"的意思，表示范围，例如：

要不五个人出去，怎么偏偏就剩他一个活着回来？（胡正言《海盗》）

转折义语气副词有与常情常理或事实相反的转折和侧重出乎意料或意想不到的转折。转折义语气副词的语义具体对比见表3-1。

表3-1 转折义语气副词的语义具体对比

语气副词 语义	出乎意料	反常	让步	深究、催促	主观故意	范围	修正、补充
倒	＋	＋	＋	＋	－	－	－
反倒	＋	＋	－	－	－	－	－
反而	＋	＋	－	－	－	－	－
竟	＋	＋	－	－	－	－	－
竟然	＋	＋	－	－	－	－	－
居然	＋	＋	－	－	－	－	－
偏	＋	＋	－	－	＋	－	－
偏偏	＋	＋	－	－	＋	＋	－
其实	＋	＋	－	－	－	－	＋
却	＋	＋	－	－	－	－	－

注：＋代表有这个语义，－代表没有这个语义。

通过语义对比，并结合语料考察可发现转折义语气副词所表示转折义的异同点、侧重点，以及不同词的适用语体、搭配等差异。转折义语气副词"倒"表示转折时通常位于后半句，而位于前半句时常与后半句中的"就是""不过"等词搭配表让步；"反倒"多用于口语，"反而"多同"不仅""不但"等连词搭配使用；"竟""竟然""居然"皆侧重表出乎意料的转折，"竟"的书面色彩较浓，而现代交际中"竟然""居然"较常用；"偏"和"偏偏"皆有表"主观故意"的语境，但"偏"的主观意志更强烈，语气更固执，而"偏偏"还可侧重强调"客观违愿"的语义；"其实"可表示中明事情真相和实质；"却"在有些语境中可与"倒"互换，但"却"表示转折语气通常强一些。转折义的侧重及转折语气的轻重差异，在语境中运用尤为明显。转折语气轻重还与是否跟其他转折词搭配运用有关。结合具体语料语境，还可明确这些词除了表"转折义"外的其他语义，从而在后期语料统计中筛选出符合研究范围的转折义语料。

词的转折义，有表示与常情常理或事实相反的转折，也可侧重表意想不到或出乎意料的转折。尤其注意语义相近、有时可替换使用的转折义语气副词，应结合具体语料运用，在语境中综合辨析异同，从而在交际中更准确恰当地选用。

（二）转折义语气副词的句法位置

副词的位置一般比较固定，通常位于主语之后。语气副词是个特例，它可用来表达说话者对句子基本命题的总体性态度或评价，所以位置比较灵活。许多语气副词既可以位于主语之前，也可以位于主语之后，还可以移到句子的末尾。但并非所有的语气副词都能位于主语之前，因此语气副词的位置并不是绝对的灵活。

1. 转折义语气副词的位置类型

考察转折义语气副词在语料中的位置分布，可发现转折义语气副词的位置类型包括位于主语之前、主谓之间、句末三大类，还可细分为多个小类，具体如下。

（1）主语之前

转折义语气副词位于主语之前，可根据与主语间有无停顿分为两小类："转折义语气副词＋NP＋VP""转折义语气副词，＋NP＋VP"。

①转折义语气副词＋NP＋VP，即转折义语气副词位于主语前，且与主语之间无停顿。此类转折义语气副词有"反倒""反而""竟然""居然""偏偏""其实"。

②转折义语气副词，＋NP＋VP，即转折义语气副词位于主语前，且与主语之间有停顿。此类转折义语气副词有"反倒""反而""竟然""居然""偏偏""其实"。

通过考察语料发现，位于主语前的转折义语气副词与主语之间有停顿或无停顿，皆具有衔接功能。但不同的是，与其后主语有停顿的转折义语气副词，即"转折义语气副词，＋NP＋VP"的衔接更侧重承上启下的衔接，其中的停顿用逗号，可以使上下文自然过渡，语气较为舒缓，并且一般需要重读，转折的意味尤为明显。

（2）主谓之间

①NP＋转折义语气副词＋VP。"NP＋转折义语气副词＋VP"，即转折义语气副词位于主谓之间，且与主语、谓语皆无停顿，是最典型、最常用的一种位置分布。此类转折义语气副词有"倒""反倒""反而""竟""竟然""居然""偏""偏偏""其实""却"。

②NP，＋转折义语气副词＋VP。"NP，＋转折义语气副词＋VP"，即转折义语气副词位于主谓之间，且与主语之间有停顿，此类转折义语气副词有"倒""反倒""反而""竟""竟然""居然""偏""偏偏""其实""却"。

③NP，＋转折义语气副词，＋VP。"NP，＋转折义语气副词，＋VP"，即转折义语气副词位于主谓之间，且与主语、谓语之间皆有停顿，此类转折义语气副词有"其实"。

（3）句末

位于句末的转折义语气副词有是否用逗号隔开两种位置，即"NP＋VP＋转折义语气副词"和"NP＋VP＋，转折义语气副词"。所有位于句末的语气副词，其前面有逗号或无逗号皆可，所以可把句末视为一种位置类型进行统计。[①] 此类转折义语气副词有"偏偏""其实"。

通过考察语料发现，许多转折义语气副词位于句末位置的情况在书面语料中并不多见，而在日常的对话以及口语性强的作品中，这种位置比较常见。由于转折义语气副词具有口语色彩较强的特点，因此也可选取口语化语料。由于口语具有紧迫性以及随意性的特点，造成了许多易位现象。这种位于句末的位置类型，也是由于易位造成的，说话者把最想传递给听话者的信息置于句子前面，不但不影响交际，还可快捷有效地传达说话者的意思，而句末的转折义语气副词通常带有追补、说明的意味。

综上所述，转折义语气副词位置分布见表 3-2。

表 3-2　转折义语气副词位置分布

转折义语气副词	位置类型					
	主语之前		主语之间			句末
	转折义语气副词＋NP＋VP	转折义语气副词＋NP＋VP	NP＋转折义语气副词＋VP	NP，＋转折义语气副词＋VP	NP，＋转折义语气副词＋VP	
倒	－	－	＋	＋	－	－
反倒	＋	＋	＋	＋	－	－
反而	＋	＋	＋	＋	－	－
竟	－	－	＋	＋	－	－

---

① 周萍. 基于位置分布的汉语语气副词研究 ［D］. 上海：华东师范大学，2007.

转折义语气副词	位置类型					
	主语之前		主语之间			句末
	转折义语气副词＋NP＋VP	转折义语气副词＋NP＋VP	NP＋转折义语气副词＋VP	NP，＋转折义语气副词＋VP	NP，＋转折义语气副词＋VP	
竟然	＋	＋	＋	＋	－	－
居然	＋	＋	＋	＋	－	－
偏	－	－	＋	＋	－	－
偏偏	＋	＋	＋	＋	－	－
其实	＋	＋	＋	＋	－	＋
却	－	－	＋	＋	－	－

注：＋代表有这个语义，－代表没有这个语义。

可见，转折义语气副词的位置分布不均。横向对比，单、双音节转折义语气副词的位置类型差异显著；纵向对比，集中分布于主谓之间的前两类，即"NP＋转折义语气副词＋VP"以及"NP，＋转折义语气副词＋VP"。这种不平衡局面的形成，受到许多因素影响。

2. 转折义语气副词位置分布的影响因素

影响转折义语气副词位置分布的因素主要有语音、语义、语法等。

（1）语音因素

汉语有单、双、多音节词。在上古汉语中就有一些双音节词，中古汉语中双音节词逐渐增多。随着历史的发展，双音节具有绝对优势，成为现代汉语中一个显著特点。"汉语注重讲究韵律节奏，单音节词黏附性较强，与其他词组合在一起进行表达；双音节词体现了整齐化的音节节奏美，稳定性更强，更加灵活自由。"[1] 从转折义语气副词的位置分布类型看，单音节词仅有两种句法位置，而双音节词的位置类型皆多于两种。

①单音节词。转折义语气副词"倒""竟""偏""却"皆仅有"NP＋转折义语气副词＋VP"和"NP，＋转折义语气副词＋VP"两种位置类型。

②双音节词。转折义语气副词"反倒""反而""竟然""居然"皆有"转折义语气副词＋NP＋VP""转折义语气副词，＋NP＋VP""NP＋转折义语气副词＋VP""NP，＋转折义语气副词＋VP"四种位置类型；"偏偏"除了有以上四种位置，还有位于句末类型，因此共有五种位置类型；"其实"有六种位置类型。以上位置皆有丰富语料，由于位置类型较多。

---

① 胡玉智. 语气副词"偏"与"偏偏"的多角度考察［D］. 武汉：华中师范大学，2009.

（2）语义因素

语气副词可以表达说话人的语气、情绪和态度。转折义语气副词虽然都可以表示转折，但表达的转折义侧重点不完全一致。如"偏"和"偏偏"，"偏"语义侧重于"主观故意"，表示与事实跟主观的想法、常理相反，着眼于主观意志。"偏偏"语义侧重于"客观违愿"，表示客观的情况与说话人预期相反，着眼于客观事实。"偏"与"偏偏"与主语的位置关系不完全一致。"偏"不能放在主语前面，只能位于主语之后。"偏偏"可放在主语前面，也常位于主语之后。

转折义语气副词虽然都可以表示转折，许多情况下也可以换用，但由于受转折义的强弱、语境的适用性、修饰限定的成分等因素影响，其位置分布类型并不完全一致。

（3）语法因素

划分词类的依据有语法功能、形态和意义三个方面，语法功能是主要依据，形态和意义是参考依据。在这三个标准中，功能标准可分为两个方面：词语是否具有独立充当句法成分的能力，词语具有何种组合能力。词语是否具有独立充当句法成分的能力，可将词分为实词和虚词两大类。词的组合能力指的是词语在与其他词语进行搭配时，所表现出的搭配反应特点。副词的语法特征是可充当状语，位置比较灵活，作状语时单、双音节副词可在谓语中心前主语后，诸多双音节副词还可位于主语前。[1]

转折义语气副词符合以上语法特点，单音节词"倒""竟""偏""却"皆无位于主语前的位置类型，所有转折义语气副词皆有"NP＋转折义语气副词＋VP"和"NP，＋转折义语气副词＋VP"位置类型。

综上所述，转折义语气副词位置分布受诸多因素影响。语音方面，单音节词仅有两种位置类型，而双音节词至少有四种位置类型。语义方面，语义侧重点不同会造成位置差异。语法对词的位置影响较普遍，副词可作状语，位置较灵活，作状语时单、双音节副词可在谓语中心前主语后，诸多双音节副词还可位于主语前。此外，还应考虑句子中有几个主语或前后出现的主语是否一致、主语的复杂度等因素。通过考察发现，前后半句出现的主语一致时，转折义语气副词可以位于后半句已知旧主语之前；前后半句主语不一致时，转折义语气副词通常位于后半句新主语之后。主语较简短时，转折义语气副词位于主语前后皆可；主语越长或越复杂时，转折义语气副词通常位于主语后，靠近谓语成分。以上因素皆有丰富用例，这些因素相互区别又相互联系。转折义语气副词的位置分布有时并非受一种因素制约，应综合考虑多种影响因素，结合语料具体分析。

（三）转折义语气副词的组合类型

转折义语气副词的组合类型分为两类：连用和间用。具体如下。

---

① 黄伯荣，廖序东．现代汉语（增订五版）下册［M］．北京：高等教育出版社，2011：7.

1. 转折义语气副词的连用

转折义语气副词的连用指两个转折义语气副词在句子中连续出现，之间不穿插其他成分。转折义语气副词以两个词的连用为主，三个词的连用特别少。通过考察语料发现，转折义语气副词的连用形式有以下几种。

（1）连用中前者是"倒"。转折义语气副词的连用形式中，前者是"倒"的有：倒反而、倒竟、倒居然、倒偏、倒偏偏、倒其实、倒却。

（2）连用中前者是"反而"。转折义语气副词的连用形式中，前者是"反而"的有：反而倒、反而竟、反而偏、反而偏偏、反而其实、反而却。

（3）连用中前者是"竟"。转折义语气副词的连用形式中，前者是"竟"的有：竟反倒、竟反而、竟偏、竟偏偏、竟却。

（4）连用中前者是"居然"。转折义语气副词的连用形式中，前者是"居然"的有：居然反倒、居然反而、居然竟、居然偏偏。

（5）连用中前者是"偏"。转折义语气副词的连用形式中，前者是"偏"的有：偏倒、偏却。

（6）连用中前者是"偏偏"。转折义语气副词的连用形式中，前者是"偏偏"的有：偏偏竟、偏偏却。

（7）连用中前者是"其实"。转折义语气副词的连用形式中，前者是"其实"的有：其实倒、其实反倒、其实反而、其实竟、其实却。

（8）连用中前者是"却"。转折义语气副词的连用形式中，前者是"却"的有：却倒、却反倒、却反而、却竟、却竟然、却居然、却偏、却偏偏、却其实。

转折义语气副词在句子中的连用情况，按先竖列、后横排的顺序分析见表3-3。

表3-3 转折义语气副词连用情况

		连用形式中的后者									
		倒	反倒	反而	竟	竟然	居然	偏	偏偏	其实	却
连用形式中的前者	倒	−	−	+	+	−	+	+	+	+	+
	反倒	−	−	−	−	−	−	−	−	−	−
	反而	+	−	−	+	−	−	+	+	+	+
	竟	−	+	+	−	−	−	+	+	−	+
	竟然	−	−	−	−	−	−	−	−	−	−
	居然	−	+	+	+	−	−	−	+	−	−
	偏	+	−	−	−	−	−	−	−	−	+
	偏偏	−	−	−	+	−	−	−	−	−	+
	其实	+	+	|	−	−	−	−	−	−	+
	却	+	+	+	+	+	+	+	+	+	−

注：+代表有这个语义，−代表没有这个语义。

可知转折义语气副词连用的情况不均衡，并非任意两个转折义语气副词皆可连用。在语料库中，未检索到连用前者是"反倒"和"竟然"的用例。不同转折义语气副词的结合能力也有区别，连用中前者结合能力由大到小排序为：却、倒、反而、竟、其实、偏、偏偏、反倒、竟然。连用中后者结合能力由大到小为：却、竟、反而、偏偏、倒、反倒、偏、其实、居然、竟然。作为连用中的前者或后者时，"却"可与其他多数转折义语气副词连用，说明其结合能力较强。

2. 转折义语气副词的间用

转折义语气副词的间用是指两个转折义语气副词在句子中并非直接相连出现，之间还穿插其他成分。通过考察语料发现，转折义语气副词的间用形式有以下几种。

（1）间用中前者是"倒"。转折义语气副词的间用形式中，前者是"倒"的有：倒……反倒、倒……反而、倒……竟、倒……竟然、倒……居然、倒……偏、倒……偏偏、倒……却。

（2）间用中前者是"反倒"。转折义语气副词的间用形式中，前者是"反倒"的有：反倒……倒、反倒……竟、反倒……竟然、反倒……偏、反倒……却。

（3）间用中前者是"反而"。转折义语气副词的间用形式中，前一个词是"反而"的有：反而……倒、反而……反倒、反而……竟、反而……竟然、反而……居然、反而……其实、反而……却。

（4）间用中前者是"竟"。转折义语气副词的间用形式中，前者是"竟"的有：竟……倒、竟……反而、竟……竟然、竟……居然、竟……却。

（5）间用中前者是"竟然"。转折义语气副词的间用形式中，前者是"竟然"的有：竟然……倒、竟然……反倒、竟然……反而、竟然……竟、竟然……居然、竟然……偏偏、竟然……其实、竟然……却。

（6）间用中前者是"居然"。转折义语气副词的间用形式中，前者是"居然"的有：居然……倒、居然……反倒、居然……反而、居然……偏、居然……偏偏、居然……其实、居然……却。

（7）间用中前者是"偏"。转折义语气副词的间用形式中，前者是"偏"的有：偏……倒、偏……反倒、偏……反而、偏……竟、偏……居然、偏……其实、偏……却。

（8）间用中前者是"偏偏"。转折义语气副词的间用形式中，前者是"偏偏"的有：偏偏……倒、偏偏……反倒、偏偏……反而、偏偏……竟、偏偏……竟然、偏偏……居然、偏偏……其实、偏偏……却。

（9）间用中前者是"其实"。转折义语气副词的间用形式中，前者是"其实"的有：其实……倒、其实……反倒、其实……反而、其实……竟、其实……竟然、其实……居然、其实……偏偏、其实……却。

（10）间用中前者是"却"。转折义语气副词的间用形式中，前者是"却"的有：却……倒、却……反倒、却……反而、却……竟、却……竟然、却……居然、却……偏、却……偏偏、却……其实。

转折义语气副词在句子中的间用情况，按先竖列、后横排的顺序归纳见表 3-4。

表 3-4　转折义语气副词间用情况

		间用形式中的后者									
		倒	反倒	反而	竟	竟然	居然	偏	偏偏	其实	却
间用形式中的前者	倒	−	+	+	+	+	+	+	+	−	+
	反倒	+	−	−	+	+	−	+	−	−	+
	反而	+	+	−	+	+	+	+	+	+	+
	竟	+	−	+	−	+	+	+	+	+	+
	竟然	+	+	+	+	−	+	+	+	+	+
	居然	+	+	+	+	+	−	+	+	+	+
	偏	+	+	+	−	+	+	−	+	+	+
	偏偏	+	+	+	+	+	+	+	−	+	+
	其实	+	+	+	+	+	+	−	+	−	+
	却	+	+	+	+	+	+	+	+	+	−

注：+代表有这个语义，−代表没有这个语义。

通过考察转折义语气副词的间用情况发现，"却""倒""居然""竟然""反而""偏偏"，不管是先出现还是后出现，皆可与其他多数转折义语气副词在句子中搭配运用，组合能力较强。两个转折义语气副词在同一个句子里先后间隔出现，更恰当准确地表达说话人的态度及转折义侧重点。

转折义语气副词都含有转折的语气，因此不管是连用还是间用，语义必须协调，不能相互矛盾。"语义有共同点不等于语义完全一样，有区别有分工，从不同侧面表达说话人的态度，体现了语言的经济性原则。"[①] 连用或间用，在句子中运用不同的转折义语气副词，可以将转折意味表达得更恰当、句子表达得更通顺。

二、转折义语气副词的偏误类型及原因

偏误分析基于研究留学生偏误类型及偏误率改进教学，以帮助留学生减少和改正偏误、汉语国际教师更好地进行汉语教学。本部分基于 HSK 语料库，对"倒""反倒""反

———————

① 国家汉语水平考试委员会办公室考试中心．汉语水平词汇与汉字等级大纲（修订本）［M］．北京：经济科学出版社，2001.

而""竟""竟然""居然""偏""偏偏""其实""却"10个转折义语气副词进行考察与研究，首先分析偏误类型，然后探究偏误原因。

（一）转折义语气副词的偏误类型

基于HSK语料库，对转折义语气副词的语料进行筛选，考察偏误类型。在语料库中，不仅包括转折义的用例，还有其他用例，如"倒"还有动词词性的用法，此类语料不计入考察范围。

1. 转折义语气副词的偏误概况

通过考察HSK动态作文语料库，分析留学生语料用例，可看出转折义语气副词的偏误概况如下。

（1）转折义语气副词"倒"。转折义语气副词"倒"共有22例，偏误7例，偏误率32%。偏误率从高到低的类型为：误代、误加、错序和遗漏。偏误中，误代6例，偏误率86%；误加1例，偏误率14%；错序和遗漏皆为0例。

（2）转折义语气副词"反倒"。转折义语气副词"反倒"共有8例，偏误2例，皆为误加，偏误率25%。

（3）转折义语气副词"反而"。转折义语气副词"反而"共有547例，偏误107例，偏误率20%。偏误率从高到低的类型为：误代、错序、误加、遗漏。偏误中，误代74例，偏误率69%；错序19例，偏误率18%；误加11例，偏误率10%；遗漏3例，偏误率3%。

（4）转折义语气副词"竟"。转折义语气副词"竟"共有46例，偏误7例，偏误率15%。偏误率从高到低的类型为：误代、误加、错序和遗漏。偏误中，误代6例，偏误率86%；误加1例，偏误率14%；错序和遗漏皆为0例。

（5）转折义语气副词"竟然"。转折义语气副词"竟然"共有44例，偏误8例，偏误率18%。偏误率从高到低的类型为：误代、错序、误加和遗漏。偏误中，误代7例，偏误率87.5%；错序1例，偏误率12.5%；误加和遗漏皆为0例。

（6）转折义语气副词"居然"。转折义语气副词"居然"共有10例，偏误0例。

（7）转折义语气副词"偏"。转折义语气副词"偏"共有5例，偏误3例，皆为误代，偏误率60%。

（8）转折义语气副词"偏偏"。转折义语气副词"偏偏"共有20例，偏误0例。

（9）转折义语气副词"其实"。转折义语气副词"其实"共有1077例，偏误48例，偏误率5%。偏误率从高到低的类型为：误代、错序、误加、遗漏。偏误中，误代38例，偏误率79.2%；错序4例，偏误率8.3%；误加4例，偏误率8.3%；遗漏2例，偏误率4.2%。

（10）转折义语气副词"却"。转折义语气副词"却"共有 1248 例，偏误 173 例，偏误率 14%。偏误率从高到低的类型为：误代、错序、误加、遗漏。偏误中，误代 88 例，偏误率 53%；错序 37 例，偏误率 20%；误加 31 例，偏误率 18%；遗漏 17 例，偏误率 10%。

通过考察 HSK 语料库中的转折义语气副词，统计留学生偏误概况，得到偏误次数和偏误率数据概况见表 3-5。

表 3-5 转折义语气副词的偏误概况

转折义语气副词	出现次数	偏误次数	偏误率
倒	22	7	32%
反倒	8	2	25%
反而	547	107	20%
竟	46	7	15%
竟然	44	8	18%
居然	10	0	0%
偏	5	3	60%
偏偏	20	0	0%
其实	1077	48	5%
却	1248	173	14%

可见，各个转折义语气副词的使用频率不均。转折义语气副词的出现次数按由多到少的顺序依次排列为：却、其实、反而、竟、竟然、倒、偏偏、居然、反倒、偏。转折义语气副词"却"有 1,248 次，"其实"有 1,077 次，出现次数都已过千，使用率较高；其次是"反而"，有 547 次；而其他转折义语气副词用例数皆少于 50 次，"偏"的用例数最少，仅为 5 次，使用率较低。

转折义语气副词的偏误率，按照由大到小的顺序排列为：偏、倒、反倒、反而、竟然、竟、却、其实、居然和偏偏。"偏""倒""反倒""反而"的偏误率较高，皆不低于 20%；其次是"竟然""竟""却"，偏误率分别为 18%、15%、14%，皆超过 10%；"其实"的偏误率为 5%，"居然"和"偏偏"未出现偏误。

据转折义语气副词的偏误概况，使用频率高、偏误率低的转折义语气副词为"其实"，使用频率低、偏误率高的转折义语气副词为"偏"，使用频率高、偏误率较高的转折义语气副词为"反而""却"，使用频率低、偏误率低的转折义语气副词为"居然""偏偏"。

2. 转折义语气副词的具体偏误

基于 HSK 语料库，转折义语气副词的偏误包括误代、错序、误加、遗漏四种类型。以下语料中出现的 B/CC 表示误代，D/CD/CJ＋表示误加，CJX 表示错序，L/CQ/CJ－表示遗漏。

（1）误代偏误。误代偏误是指学习者在使用转折义语气副词的过程中，由于从两个或几个形式中选取了不适合于特定语境的一个造成的偏误。其包括意义相近的转折义语气副词之间混用，或转折义语气副词与其他类词混用，以及由于字形、字音相同或相近等情况而造成的误代偏误。转折义语气副词"倒""反而""竟""竟然""偏""其实""却"出现了误代偏误。

①转折义语气副词"倒"。在 HSK 语料库中，转折义语气副词"倒"与其他词之间的误代偏误为 6 次，有因读音相同出现的误代，如"倒"和"到""道"混用，也有因意义相近而混淆造成的误代等。

②转折义语气副词"反而"。在 HSK 语料库中，转折义语气副词"反而"与其他词之间的误代偏误为 75 次，主要是"反而"与"并且""但是""却""相反""反之""虽然""而是""而"等词混用。

③转折义语气副词"竟"。在 HSK 语料库中，转折义语气副词"竟"与其他词之间的误代偏误为 6 次，主要是"竟"与"反而""却"等词混淆使用。

④转折义语气副词"竟然"。在 HSK 语料库中，转折义语气副词"竟然"与其他词之间的误代偏误为 7 次。

⑤转折义语气副词"偏"。在 HSK 语料库中，转折义语气副词"偏"与其他词之间的误代偏误为 3 次。

⑥转折义语气副词"其实"。在 HSK 语料库中，转折义语气副词"其实"与其他词之间出现的误代偏误为 38 次。

⑦转折义语气副词"却"。在 HSK 语料库中，转折义语气副词"却"与其他词之间的误代偏误为 90 次。

（2）错序偏误。错序偏误是指学习者在使用转折义语气副词的过程中因放错了位置而产生的偏误。转折义语气副词"反而""竟然""其实""却"出现了错序偏误。

①转折义语气副词"反而"。在 HSK 语料库中，转折义语气副词"反而"的错序偏误为 19 次，语境中"反而"与主语顺序颠倒。

②转折义语气副词"竟然"。在 HSK 语料库中，转折义语气副词"竟然"的错序偏误为 1 次。

③转折义语气副词"其实"。在 HSK 语料库中，转折义语气副词"其实"的错序偏误为 5 次。

④转折义语气副词"却"。在 HSK 语料库中，转折义语气副词"却"的错序偏误为 34 次。

（3）误加偏误。误加偏误是指学生在习得转折义语气副词的过程中在不该使用的地方添加使用，造成句子成分多余。转折义语气副词"倒""反倒""反而""竟""其实""却"出现了误加偏误。

①转折义语气副词"倒"。在 HSK 语料库中，转折义语气副词"倒"的误加偏误为 1 次。

②转折义语气副词"反倒"。在 HSK 语料库中，转折义语气副词"反倒"的误加偏误为 2 次。

③转折义语气副词"反而"。在 HSK 语料库中，转折义语气副词"反而"的误加偏误为 11 次。

④转折义语气副词"竟"。在 HSK 语料库中，转折义语气副词"竟"的误加偏误为 1 次。

⑤转折义语气副词"其实"。在 HSK 语料库中，转折义语气副词"其实"的误加偏误为 4 次。

⑥转折义语气副词"却"。在 HSK 语料库中，转折义语气副词"却"的误加偏误为 30 次。

（4）遗漏偏误。遗漏偏误是指学习者在习得转折义语气副词的过程中，在应该使用转折义语气副词的地方没有使用而造成句子成分残缺的偏误。在考察的转折义语气副词中，"反而""其实""却"出现了遗漏偏误。

①转折义语气副词"反而"。在 HSK 语料库中，转折义语气副词"反而"的遗漏偏误为 3 次。

②转折义语气副词"其实"。在 HSK 语料库中，转折义语气副词"其实"的遗漏偏误为 2 次。

③转折义语气副词"却"。在 HSK 语料库中，转折义语气副词"却"的遗漏偏误为 17 次。

通过考察 HSK 语料库中的转折义语气副词偏误，各种偏误类型的具体偏误情况统计数据见表 3-6。

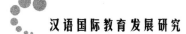

表 3-6　转折义语气副词的偏误情况

语气副词 偏误类型	误代偏误		错序偏误		误加偏误		遗漏偏误	
	次数	偏误率	次数	偏误率	次数	偏误率	次数	偏误率
倒	6	86％	0	0％	1	14％	1	0％
反倒	0	0％	0	0％	2	100％	2	0％
反而	74	69％	19	18％	11	10％	11	3％
竟	6	86％	0	0％	1	14％	1	0％
竟然	7	87.5％	1	12.5％	0	0％	0	0％
居然	0	0％	0	0％	0	0％	0	0％
偏	3	100％	0	0％	0	0％	0	0％
偏偏	0	0％	0	0％	0	0％	0	0％
其实	38	79.2％	4	8.3％	4	8.3％	4	4.2％
却	88	51％	37	21％	31	18％	31	10％
合计总数	222	63％	61	17％	50	14％	50	6％

可见，转折义语气副词用例总次数由多到少的偏误类型为：误代、错序、误加、遗漏。在四种偏误类型中，误代偏误为 222 次，总次数最多，且占总偏误的比重最高，为 63％。误代偏误率最高的转折义语气副词是"偏"，为 100％（"偏"的误代偏误在"偏"的总偏误次数中所占比重）；错序总次数为 61 次，偏误率最高的是"却"，为 21％，其余皆低于 20％；总次数为 50 次，误加偏误率最高的是"反倒"，为 100％，其余皆低于 20％；总次数为 22 次，遗漏偏误率最高的是"却"，为 10％，其余皆低于 5％。

在 HSK 语料库中，按照国别统计留学生具体偏误类型的出现次数，具体情况见表 3-7。

表 3-7　转折义语气副词偏误次数与学生国别对照

语气副词 偏误类型	误代偏误		错序偏误		误加偏误		遗漏偏误	
	国家	次数	国家	次数	国家	次数	国家	次数
倒	韩国	2	—	0	日本	1	—	0
	日本	4						
反倒	—	0	—	0	日本	1	—	0
					印度尼西亚	1		

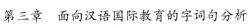

语气副词 偏误类型	误代偏误		错序偏误		误加偏误		遗漏偏误	
	国家	次数	国家	次数	国家	次数	国家	次数
反而	韩国	33	韩国、日本	均为8	韩国	3	韩国	2
	日本	19						
	越南	4			日本	2		
	泰国、新加坡	均为3						
	澳大利亚、蒙古	均为2						
	德国、法国、加拿人、美国、缅甸、瑞士、亚美尼亚、印度尼西亚	均为1	俄罗斯、法国、缅甸	均为1	澳大利亚、德国、法国、毛里求斯、新加坡、印度尼西亚	均为1	日本	1
竟	韩国	4	—	0	韩国	1	—	0
	印度尼西亚	2						
竟然	澳大利亚、蒙古、新加坡	均为2	韩国	1	—	0	—	0
	日本	1						
居然	—	0	—	0	—	0	—	0
偏	日本	2	—	0	—	0	—	0
	澳大利亚	1						
偏偏	—	0	—	0	—	0	—	0

语气副词偏误类型	误代偏误		错序偏误		误加偏误		遗漏偏误	
	国家	次数	国家	次数	国家	次数	国家	次数
其实	韩国	16	日本	3	韩国	均为1	日本	均为1
	法国、日本	均为6			马来西亚			
	美国、泰国、新加坡	均为2	韩国	1	日本		菲律宾	
	波兰、加拿大、希腊、印度尼西亚	均为1			泰国			
却	韩国	31	韩国	18	韩国	9	韩国	7
	日本	22			日本	6		
	印度尼西亚	10			印度尼西亚	4	日本	5
	马来西亚、泰国	均为5	日本	14	新加坡	3		
	美国、新加坡	均为3			马来西亚	2		
	缅甸	2			澳大利亚、德国、菲律宾、加拿大、美国、葡萄牙、英国	均为1	马来西亚、毛里求斯、缅甸、葡萄牙、印度尼西亚	均为1
	菲律宾、柬埔寨、立陶宛、英国、越南	均为1	菲律宾、马来西亚、缅甸、新加坡、印度尼西亚	均为1				

在汉语国际教育的教学实践中，教师要深入偏误分析研究，突出重难点，并基于偏误研究提出针对性建议，以帮助留学生减少和改正偏误，促进教学。

（二）转折义语气副词的偏误原因

在习得汉语过程中，留学生出现转折义语气副词的偏误，受到多种因素影响。结合转折义语气副词本体研究及偏误类型研究，可将转折义语气副词的偏误原因概括为以下三大方面：汉语本身原因、学习者原因、教师教学原因。这三大原因又可具体分为多个层面。

1. 汉语本身原因

汉语副词对许多留学生来说是个难点。其中转折义语气副词数量多、语义相近，许多用法也相似，因此留学生掌握起来会比较困难。汉语本身的原因主要从语音、字形、语义方面进行分析。

（1）语音原因。汉语是声调语言，有大量的同音字和近音字，许多留学生易混淆。据转折义语气副词语料偏误研究，许多因字音相同或相近而造成偏误的情况，如"倒"和"到""道"，"竟然"和"即然""既然"，"其实"和"其是""其时""其事"，"却"和"缺""切""确""取"等。

这些字或词之间的意义本没有必然联系，由于字音相同或相近而造成了误代偏误。汉语通常先从声母、韵母和声调学起，口语是基础，说好普通话、读准确音节，有助于汉语学习或者日常汉语交际运用。每个声调可以对应大量汉字，如果不能正确掌握读音、区分声调，也不能把音节和所对应的汉字匹配准确，则很容易造成偏误。

（2）字形原因。汉字是由部件组成的平面型方块体文字，是形体结构复杂的表意体系文字，因此留学生认为汉字的认读、辨别书写比较难。据转折义语气副词语料偏误研究，许多因字形相近而造成偏误的情况，如"竟然"和"意然"、"偏"和"遍"、"其实"和"真实""其买""其头"、"却"和"去""都"。

这些字或词之间的意义本无必然联系，由于字形相近而造成误代。学习汉语不仅要会读会说，写好汉字也很重要。汉语有很多字形非常相似的字，如果不能正确区分写法，很容易造成偏误。

（3）语义原因。通过考察转折义语气副词，许多词的语义非常相似，有共同之处，许多情况下可换用，并且与其他表示转折的词如转折连词之间所表示的语义也有相近之处。对许多留学生来说，区分近义词并非易事。据转折义语气副词偏误类型考察，因语义相近而造成误代偏误的词主要有"倒""反而""竟""其实""却"等。

要明确语义相同点，以及具体语料语境中所体现的语义侧重点，注意区分并发现不同之处，分析不同语境中是否能换用。教师要让学生着重区分语义相近、用法易混淆的转折义语气副词，还有其他表转折的词，结合具体语境、固定搭配等，引导学生理解用法差异，在不同语境中学会正确选用转折义语气副词。

2. 学习者原因

来华留学生的语言背景不同，在学习汉语过程中，为克服学习障碍，达到有效学习和顺利交际的目的，则会采取许多策略。在习得转折义语气副词时，留学生所采取的一些不恰当策略或方式，是造成转折义语气副词偏误的重要原因。

（1）目的语知识负迁移。目的语知识负迁移，也称为过度概括或过度泛化，是指学习者将所学的有限的、不充分的目的语知识，通过类推不适当地套用于新语言现象而形成偏误，主要出现在中高级阶段。如留学生在学转折义语气副词时，学习者对词的位置类型掌握不清，混淆了转折义语气副词与主语的前后位置关系而造成偏误。

（2）回避策略。回避策略是指学习者在学习目的语过程中，在对目的语某一知识规则没有了解或感到没有把握时，通常采取替代或省略的办法，尽量回避运用这一知识点。有的留学生没掌握转折义语气副词的用法，或者没有深刻理解句子蕴含的转折关系，没使用转折义语气副词，也没有用其他表示转折义的词代替，而采取回避策略，造成遗漏偏误。

3. 教师教学原因

教师是进行课堂教学的组织者，也是学生的引导者。在汉语国际教育课堂中，教师的"精讲"与学生的"多练"相结合，可以达到更好的效果。目前我国汉语国际教师队伍有所壮大，素质整体提高，但"科班"出身的综合素质优秀的高水平汉语国际教师仍然稀缺。教师不仅需要汉语功底扎实，还要有良好的外语水平、跨文化意识，以便在教学中对留学生偏误进行准确分析并引导学生改进。

汉语国际教育不同于教国内中小学语文，教师要把课本中艰涩难懂的知识用相对通俗易懂的话语给留学生解释。语义相似、用法接近的转折义语气副词，更要求教师针对性备课，不局限课本所给注释及例句，还要把几个易混淆的词适当对比讲解，结合不同语境引导学生理解异同点。

《发展汉语》（第二版）综合教材对转折义语气副词"偏"未进行注释，这对于教师教学是一种考验。"偏"和"偏偏"相近，但用法并不完全一致，尽管"偏偏"在教材中有注释，但如果教师只讲解教材中出现的"偏偏"，而忽略无注释的"偏"，学生很容易产生混淆，造成偏误。教师应结合用例，强调"偏"的"主观故意"，"偏偏"还可侧重"客观违愿"，突出两者转折的侧重点；结合用例引导学生发现"偏"位于主语之后的位置、"偏偏"位于主语之后或之前的位置。通过对比两者句法位置的差异，发现"偏偏"句法位置相对更加灵活。对留学生来说，有的词需要教师通俗易懂地教授其语义和用法，但更多需要结合大量例句，尤其通过与生活密切相关的语境引导，效果更佳。如果教师不能提前对学生可能出现的偏误做出预测，同时课堂中对学生的问题在无充分把握的情况下就轻率答复，很容易形成对学习者不利的学习环境，造成偏误。

三、转折义语气副词的教学建议

在对转折义语气副词进行本体研究、偏误类型进行统计、偏误原因进行分析之后，笔者主要从教材编写、学生习得及教师教学方面提出针对性的教学建议。

（一）教材编写建议

教材是连接教师教学和学生学习的纽带，对教师教学和学生学习都具有重要参考价值。具体课堂教学活动要以教材为基础，在把握课文内容、做好课后练习基础上延伸拓展。因此汉语国际教育的教材编写要注重汉语基础知识，并考虑留学生习得特点。

1. 结合大纲完善教学编排

汉语国际教育的教材编排，通常先介绍词语，再出现课文内容。考察教材中转折义语气副词的教学编排情况，有的词注释和举例皆很详细，有的只简单说明英文解释，而有的如"偏"既无英文解释，也没有注释，不利于学生从整体上进行掌握，有必要添加注释。

旧知识的掌握和新知识的学习，是不断复习巩固运用旧知识，并在一定量的基础上接受可理解性新知识的过程，转折义语气副词的学习运用也有此过程。虽然有的转折义语气副词暂时还没接触学习，但在考虑留学生水平的前提下，适当增加几个新词，通过填空、选择题等形式一起考查，有助于学生提前了解和习得，学生可运用先易后难、排除等方法作答，也可通过查词典、跟同学交流、询问老师等方式完成练习，不仅有助于培养学生的自我学习能力，也可提高学生的讨论表达能力。老师对生词适当补充讲解，学生以后遇到这些词时不至于感到陌生，再把多个词一起考察，思考辨析，通过多次对比练习，加深记忆。例如：

（1）选择合适的词语填空。

"倒""反而""竟然""偏偏""其实""却"

来中国之前，听朋友说汉语很难，工作＿＿＿＿＿＿需要用到汉语。我也认为汉语不简单，对汉语很感兴趣。来中国学习了一段时间后，现在＿＿＿＿＿＿觉得汉语不是很难。我很喜欢中国，交通有点儿拥堵，＿＿＿＿＿＿很方便。

放假回国时，见到了我的好朋友，他对我说："想不到才一个学期，你的汉语说得这么好！"我说："＿＿＿＿＿＿汉语没有那么难，努力练习就会有提高，我们一起加油！"

（2）选择合适的选项。

①这种苹果不太甜，那种苹果（　　）很甜。

A. 倒　　　　　　　　B. 其实　　　　　　　　C. 反而

②他看起来像是学生，（　　）他是老师。

A. 却　　　　　　　　B. 其实　　　　　　　　C. 竟然

③他（　　）是老师，我还以为他是学生呢！

A. 却　　　　　　　　B. 其实　　　　　　　　C. 竟然

④他觉得汉语有点儿难，（　　）很有意思。

A. 却　　　　　　　　B. 偏偏　　　　　　　　C. 反倒

此外，还应添加一些转折义语气副词的文中用例。

2. 中外联合编写针对性教材

在汉语国际教育中，第二语言习得者的学习背景、学习目的、语言文化背景、思维方式、价值标准等方面都存在不同程度的差异，因此如何结合学生自身特点，编写学习内容与实际表达更贴切、更易于学生理解并掌握的更具有针对性的教材，值得深入思考。当然，要在把握汉语作为第二语言教学的性质、特点教学和教材编写规律的前提下进行编写，并且教材的针对性是一定程度和范围上的针对性，而不是满足每个学生的要求，具体还要因材施教。

据表 3-7，出现偏误较多的主要是来自韩国、日本的留学生，在教韩、日留学生时，汉语国际教师要加强与韩、日教师的交流，了解当地汉语教学情况，分析当地表达转折语气所用词及用法，有针对性地编写适合韩、日留学生习得的资料书。因此，中外联合编写应具体化，比如分国别编写，就某类知识点编写等，合理编排留学生学习的重难点知识，尤其是易混淆词，比如转折义词语，汉语中有"但""但是""可""可是""然而""只是"等词，以及本文转折义语气副词，跟学生母语中的转折词语进行对比，看能否准确对应，具体有哪些异同点，并结合大量生活用例加以说明；也可用作学生自学辅助手段，帮助学生更好地进行理解掌握、区分运用。

（二）学生习得建议

留学生习得汉语，除了课上听老师讲解汉语知识，还可通过诸多途径和方法进行习得。个别知识是否难以掌握，因人而异，要考虑学生自身的理解程度。课堂上的汉语教学时间有限，学生自身也要积极主动地学习，通过多种方式、渠道来提高汉语水平。

1. 习得策略灵活化

学习汉语有一定的方法和规律，留学生掌握一些汉语学习技巧，调整好学习策略并灵活运用，对提高学习效率、加深理解记忆能起到事半功倍的学习效果。在预习新课发现新的转折义语气副词时，可回忆以前学过的其他转折义语气副词，或表示转折义的其他词，或借助辅导书等，将已有知识与目前所学联系，既可有效减少甚至避免因主观臆断造成的偏误，又可对比新旧词的异同点，提高自学能力。如学生已学过"但是"这个词，回忆其连词词性，常用的表达结构"虽然……但是……"，以及相关例句，再学习新词"却"时，查阅资料，明确"却"的副词词性，常在句子里作状语的功能，也可与"虽然"搭配，位于主语后，结合例句语境理解用法。通过充分利用学习资料，新旧知识对比，更好地复习旧知、掌握新知。

另外要有学习计划与目标，先略读课文，结合语境尝试总结相关知识点，明确自身难以理解的语言点，通过查阅资料、认真听课、询问同学、请教老师等方式攻克难点，通过关键词等方法帮助回忆重点语句及整篇课文，并反思学习过程。

基于 HSK 语料库的偏误考察，有的转折义语气副词容易与其他读音或字形相同或相近的词混淆而出现误代偏误。有的不仅读音相似，字形也相近，如"却"和"去"等。针对已经出现或可能出现的偏误，要有对应的纠正和预防策略。留学生因字形、字音相同或相近造成偏误的情况比较常见，因此平时应扎实语音和书写基本功，多读多写多练，减少偏误次数。

2. 积极地交流运用

初级水平的汉语学习者，处于由母语环境向汉语学习环境的过渡阶段，有时会不自觉地运用母语进行表达。转折义语气副词出现在中高级阶段，学习者已经具有一定的汉语基础，对汉语环境逐步适应，应尽量减少使用母语，而多运用汉语进行沟通交流。如不仅在课堂上，还应在日常各种生活情境中，尽可能多地使用汉语，多跟中国学生聊天交流，还可通过参加文艺晚会、学校和社会举行的汉语活动、中外文化交流活动等，多接触汉语环境，进行汉语交际。要学以致用但不局限书本内容，在学习和生活实际中积累汉语词汇和表达，把教材理论与生活实际有机结合，真正达到在日常生活中熟练运用汉语进行交际的习得目的。

基于 HSK 语料库偏误考察，转折义语气副词"倒"和"反倒"的偏误率皆高于20%，虽然两者都含有"倒"字，但语义及适用语境并不一致。例如：

a. 这件衣服价格有点贵，样式倒很好看。

b. 他上课从没迟到过，今天考试，他反倒来晚了。

例 a 发生在商场购物场景中，衣服的价格和样式做对比，同一事物的两个不同方面形成转折，"倒"后的"好看"表示积极意义。例 b 发生在教室考试场景中，以前与现在相比出勤是否迟到形成转折，"反倒"后的"来晚"表示消极意义。转折义语气副词可用于诸多日常生活场景中，留学生要在日常生活中多运用汉语，只要表达得当，转折义语气副词的选取并不是唯一的。

在汉语学习过程中，遇到语义或用法易混淆的转折义语气副词，学生出现偏误很正常。有的母语中没有或很少有对应的准确表达该转折义的词，如果通过查资料书等方式还不能完全理解，不应因此过度焦虑，要及时向同学、朋友、老师诉说，积极交流沟通，寻求建议和帮助，从而对难点有更清晰的认识与理解，缓解焦虑情绪，更积极自信地学习汉语。

（三）教师教学建议

汉语国际教师是留学生学习汉语的引路人和引导者，汉语国际教育课堂是留学生学习汉语的主阵地，因此教师应做好引导者，进行更加高效、更具针对性的课堂教学。教师要在课前充分备课，课中精讲多练，课后做好教学反思总结，具体有以下几个方面。

1. 针对性充分备课

充分备课是教师上好一堂课的前提和基础，备课应具有针对性。汉语国际教师，尤其是年轻的新手教师，更应脚踏实地，备好每堂课。首先要备教材、备学生、备教法，明确教材重难点，了解学生的汉语水平、国别、年龄等，根据不同课型及内容，选用合适的教学方法。转折义语气副词的备课，还应通过统计语料分析偏误、查阅相关文献资料等方式，对留学生在课堂上可能出现的偏误进行预测。另外，准备图片、卡片等演示器材，对转折义语气副词的语境加以呈现，方便学生直观感受。还要写好教案，并做好课件，有效运用多媒体，通过图片、影音展示等手段，调动学生学习的积极性。

综合参考语料及大纲，以表示意外态"竟然"的教学为例，教师可利用图片、卡片等演示器材进行备课，如一只小猫、一只老鼠的卡片，让学生进行角色扮演，引导学生说出"平时看起来温驯的小猫，竟然可以轻而易举地抓到一只大老鼠"目标句型。小猫"平时的慵懒温驯"与"抓老鼠时的敏捷机灵"形成转折，让学生在生动有趣的课堂互动中，体会转折义语气副词"竟然"的出乎预料转折意味。还可结合日常实际生活场景，如天气情况的变化，引导学生说出"中午还是阳光明媚，下午竟然下起大雨了"目标句型。一天中不同时间天气变化形成转折，让学生通过生活实际情境理解转折义语气副词"竟然"所表达的出乎预料转折意味。关于超市购物、食堂就餐等话题，与学生日常生活密切相关，在教材中也经常编写相关课文，教师在教此类课文时，可以灵活运用实物进行备课，让书本中的图片文字变得具体生动。如提前准备一些水果，让学生进行角色扮演，一位是消费者，另一位作为售卖者，参照课文内容，引导学生模拟生活实际情境进行对话，引导学生说出类似"这种葡萄看起来不怎么样，没想到竟然这么好吃"目标句型。葡萄的外形或色泽一般，味道好吃，卖相与口感形成转折，"没想到"后面转折义语气副词"竟然"的运用，突出强调出乎预料的转折。学生学习汉语，需要在日常生活中加以运用，再通过语境不断巩固和积累，学习和运用两者互相促进，使学生不断提高汉语日常交际水平。

汉语国际教师肩负着教留学生汉语知识、传播中华文化的光荣使命与重要职责，要想把知识讲清楚，教师自身首先应把作为根基的汉语知识理解透彻。教师要扎实专业知识，以此为基础进行备课，通过各种教学方法与技巧，更准确地把知识传授给学生，真正做到"传道授业解惑"。

2. 教学方法精讲多练

良好的教学方法，有助于教师传授知识以及学生理解掌握。汉语国际教育的对象是外国留学生，他们习惯通过游戏互动等方式学习知识，喜欢老师多样化的教学方式以及活跃的课堂气氛。并且，汉语国际教育课堂通常为小班制教学，这为学生提供了更多练习机会，也有助于教师以多种教学方法展开课堂教学。因此，汉语国际教育不应局限于课本，还要突破课本中一些枯涩单调的练习限制，通过不断完善教学方法来增加趣味性。

例如，教师在教"偏"这个词时，可跟学生互动，做动作讲解，引导学生说出类似上述例句的目标句型，结合语境理解"偏""偏偏"所表示的转折义，并掌握两者的异同点。再如，教"竟然"等侧重出乎意料的转折词时，可通过面部表情的变化体现惊讶等意味，体现与其他词所表达的差异。

　　学习是日积月累的过程，语言的掌握也需长期积累，如果不及时回顾旧知识，不能"温故而知新"，不利于深入汉语学习。因此在汉语国际教育过程中，教师要结合艾宾浩斯遗忘规律，引导学生及时复习之前学过的知识。在遇到未学过的转折义语气副词时，教师要鼓励学生思考之前学过的其他转折义语气副词，并在简单解释新词后，引导学生观察用例，在不同语境中发现词的异同，通过归纳法与学生一起归纳总结。如在教"偏偏"时，引导学生回顾所学词"偏"的语义及用法，鼓励学生思考造句，并过渡到新词"偏偏"的学习。

　　教师要引导学生回顾所学旧词"偏"侧重主观故意的核心语义，发现新学词"偏偏"还可侧重客观违愿的核心语义，从行为主体的主观意志与客观事实的角度，体会两者语义上的主要差异，也可引导学生从单双音节角度发现两词与主语位置的异同。在学生复习旧词、理解新词用法后，引导学生适当进行对比练习，进一步巩固辨析。

　　在教学过程中，教师要注重"精讲多练"的教学方法，把晦涩的理论知识通俗易懂地教授给学生，引导学生多加练习，把书本知识与生活实际相结合。还应引导学生课后多开口练习，鼓励学生在合适语境下运用所学词进行表达，真正达到交际目的。

第二节　面向汉语国际教育的句子分析

　　感叹句作为四大句类之一，在口语中的地位不容忽视。其地位的重要性不仅体现在汉语母语者的日常口语中，也体现在汉语学习者的日常口语中。感叹句以表达情感为主要功能，其内部的情感内容应当成为研究的重点。

　　在此试图通过对现代汉语文本的统计得出现代汉语感叹句中情感内容的占比即感叹常数，为感叹句的本体研究扩充理论基础。在此理论基础上，将其与汉语国际教育中的感叹句教学相结合，使感叹句教学得到重视，为教材的教学例句和教师的示范例句提供相应的教学调整建议。

一、现代汉语感叹句本体研究

（一）感叹句的定义

　　在日常生活中，尽管言语行为不是情感表达的唯一途径，但是人们的言语交际离不开情感的表达。在功能主义者看来，句子是表情又达意的。没有只表情的句子，也没有只达意的句子，只有以某一功能为主要功能的句子。感叹句也是如此，因此，在综合众多学者结论的基础上，我们从功能出发定义感叹句，即以表达情感为主要功能，同时也能传递信息的句子就是感叹句。

（二）感叹句的范围

关于感叹句的范围，我们沿用历来学者的看法，即在袁毓林提出的"基于原型的现代范畴化理论"的基础上，将感叹句看作一个"原型"范畴。典型感叹句是由带有副词标记的感叹句、带有语气词的感叹句和带有感叹词的感叹句构成的，而非典型感叹句是陈述句、疑问句和祈使句在具体语境中转化而来的感叹句。以下将对典型感叹句和非典型感叹句的内部情况进行具体论述。

1. 典型感叹句

典型感叹句，许多学者也将其称为有标记感叹句或显性感叹句。不论称呼如何，他们对典型感叹句的标记都有一个共性的认识，也就是副词标记、语气词标记和感叹词标记。同时有的学者认为还存在着独词感叹句。

①副词标记。主要是"好""多（么）""可""真""太"。

除以上五个主要的副词标记之外，我们在统计时还发现副词"够"和"怪"在句中也能表达感叹的语气，因此我们也将其视为副词标记。

②语气词标记。位于感叹句句末，主要是"啦""啊""嘛""吧""哪""呀""呢"等。

③感叹词标记。位于句首或独立成句，主要是"啊""唉""嘿""哇""哼""哎哟"等。

④独词感叹句。以独词形式存在的感叹句，其中排除了由感叹词构成的独词感叹句。

2. 非典型感叹句

非典型感叹句，许多学者也将其称为无标记感叹句或隐性感叹句，也就是陈述句、疑问句和祈使句在具体语境中转化而来的感叹句。这样的感叹句与典型感叹句不存在形式上的相似性，在形式上并没有鲜明的标记，但是我们能在原型范畴下找到功能上的相似性。

（三）感叹句的书面标志

李成军指出，许多感叹句没有感叹号。[①] 但是我们认为，作者如果想要表达强烈的感情，一定会在书面形式上有表示的需要并选择使用感叹号。

文字和标点符号构成了现代汉语的书面语言，文字是记录语言的书写符号，而以表达情感为主要功能的感叹句用感叹号来记录其强烈的感情。如果作者用了句号，那么表示表

---

① 李成军. 现代汉语感叹句研究［D］. 武汉：武汉大学，2005.

达情感并不是他这句话的主要功能，传递信息才是。

就算作者在一句话中使用了感叹号，也并不意味着这句话就是感叹句，也可能是祈使句。

因此，在书面形式上，如果作者未用感叹号，那么表明作者并不将其视作感叹句，同样我们也不能将其视作感叹句。如果作者使用了感叹句，也需要与祈使句相区分。

（四）感叹句的情感内容

感叹句以表达情感为主要功能。但如果我们要详细地探讨每个感叹句表达的人类感情，将永远也无法穷尽。这正是因为人类情感的复杂性，使我们无法精确地为每个情感定义，同样我们也无法保证学者判定的情感与原句作者想要表达的特定情感相一致。

因此，有的学者尝试对感叹句的情感做简单的二分，即积极和消极，这样既探讨了感叹句的情感，又不会与原句作者想表达的情感相差太大。基于此，在研究时采用了感叹句情感分类方法。

语言是形式、内容和功能的统一体。在研究语言结构时，许多人往往选择从形式出发，但是我们认为感叹句以表达情感为主要功能，所以我们可以直接从意义功能出发看感叹句，如果从形式出发反而不能更好地把握感叹句的本质。因此，我们选择的感叹句情感分类方法并不涉及形式。在此情感分类方法下，我们将感叹句分为积极感叹句和消极感叹句。

积极意义的情感被定义为"说话人满意的或渴望表现的情感"，消极意义的情感被定义为"说话人不满意或不愿意表现的情感"。但是因为人类情感的复杂性，有时候我们无法通过感叹句本身来判定其情感，所以我们认为需要把感叹句放在语境中判断，这样才可以使我们的判定无限接近原作者想要表达的情感。

因此，我们基于李成军对积极和消极意义情感的判定标准，为积极感叹句和消极感叹句做出如下定义：积极感叹句是语境中表示说话人满意的或渴望表现的情感的感叹句；消极感叹句是语境中表示说话人不满意或不愿意表现的情感的感叹句。

1. 积极感叹句

积极感叹句是语境中表示说话人满意的或渴望表现的情感的感叹句。这样的情感可能是兴奋的，可能是快乐的，也可能是赞美的，总的来说都是说话人满意或愿意表现的。

有的句子本身表达的是消极意义的情感，但是从语境中看，表达的却是积极意义的感情。

2. 消极感叹句

消极感叹句是语境中表示说话人不满意或不愿意表现的情感的感叹句。这样的情感可能是悲伤的、痛苦的，也有可能是愤怒的、反对的。当情感是愤怒的、反对的等时，可以

是不满意但也愿意表现的。

和积极感叹句一样，有的句子本身表达的是积极意义的情感，但是从语境中看，表达的却是消极意义的情感。

（五）感叹句的感叹常数

在研究语言中的否定时，戴耀晶提出了"否定常数"（NT）这一概念，即句子否定在文本小句中的百分比。如果一段话中否定句的比例小于否定常数，那么这段话就是积极的；如果否定句的比例大于否定常数，那么这段话就是消极的。戴耀晶用否定常数来分析人们的语言态度、语言心理、性格特征等，为语言分析提供了新方法。①

通过分析，我们已经将感叹句分为积极感叹句和消极感叹句。这说明感叹句本身就带有人们的语言态度。因此，我们认为可以尝试通过分析感叹句的情感即积极感叹句和消极感叹句的比例来得到"感叹常数"。这样的"感叹常数"不仅可以用来直接确定人们的语言态度，也可以应用到汉语国际教育中，检验汉语学习者对感叹句情感内容的把握程度。从整体上看，如果汉语学习者使用的感叹句情感内容的比例与"感叹常数"不符，那就说明他们并没有完全把握感叹句的情感内容。

感叹句以表达情感为主要功能，如果只是掌握了感叹句的形式，却忽视了情感内容，那我们并不认为汉语学习者真正掌握了感叹句。只有正确把握了感叹句的情感内容，我们才能认为汉语学习者很好地掌握了感叹句，这也意味着需要教师的正确引导。如果教材中出现的积极感叹句和消极感叹句的比例与"感叹常数"不符，我们可以认为教材对感叹句情感内容的把握不当，可能会导致汉语学习者对感叹句情感内容的把握不当。同时，因为感叹句内部被划分为典型感叹句和非典型感叹句，而典型感叹句的标记性更易被习得，所以典型感叹句的"感叹常数"更能说明汉语学习者的问题。

因此，我们赋予"感叹常数"的公式即为感叹常数＝积极感叹句∶消极感叹句，典型感叹句的"感叹常数"＝积极典型感叹句∶消极典型感叹句，以此来探讨汉语母语者和汉语学习者感叹句使用时的情感内容。

1. 语料统计对象的选择

为了了解汉语母语者感叹句的使用情况，我们选取了情景喜剧《我爱我家》和曹禺的"生命三部曲"为统计对象来搜集文本语料。

《我爱我家》是一部以日常家庭生活为题材的情景喜剧。剧中喜怒哀乐皆有，体现的是中国人平凡而普通的生活。其具有以下特点：（1）基本为普通话对白，语音标准；（2）话题多样，情感丰富，内容来自日常生活；（3）口语化语言，能反映现代汉语的情况。因

---

① 戴耀晶.否定表达与否定常数［J］.语言研究集刊，2013（2）：22－32＋329.

此，我们认为可以选取《我爱我家》作为统计对象，以其出版的前20集文学剧本为统计文本。

同时，为了平衡统计文本的题材，丰富语料来源，确保统计结果的科学性和合理性，我们选取了曹禺的"生命三部曲"——《雷雨》《日出》《原野》为统计对象。《雷雨》《日出》《原野》作为曹禺最经典的戏剧作品，内容不仅涉及城市生活，也涉及农村生活，其对话鲜明，矛盾突出，情感丰富，反映了现代汉语的面貌。

2. 语料统计结果及分析

根据以上文本语料，我们以"感叹号"查找全文，去除祈使句后，一共检索到感叹句2,864句。在进行内部形式归类时，对于那些同时存在几个感叹标记的感叹句，我们以感叹标记出现的优先顺序为标准进行归类。我们统计得到的具体情况如下。

在情景喜剧《我爱我家》前20集中，我们一共统计到积极感叹句687句、消极感叹句816句，得到积极感叹句和消极感叹句的比例为1：1.19，见表3-8。从总体上看，情感内容稍偏向消极性，但不明显，同时内部各类基本上也都偏向消极性。

表3-8　《我爱我家》前20集感叹句统计情况

	典型感叹句									非典型感叹句	总计	比例
	好	多/多么	可	真	太	够	怪	语气词	感叹词	独词		
积极感叹句	1	5	35	10	5	2	0	241	32	30	326	687	1：1.19
消极感叹句	2	1	34	18	5	4	1	236	84	49	382	816

在《雷雨》中，我们一共统计到积极感叹句92句、消极感叹句204句，得到积极感叹句和消极感叹句的比例为1：2.22，见表3-9。从总体上看，情感内容极大偏向消极性，同时内部各类基本上也都偏向消极性。

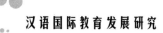

表 3-9　《雷雨》感叹句统计情况

	典型感叹句										非典型感叹句	总计	比例
	好	多/多么	可	真	太	够	怪	语气词	感叹词	独词			
积极感叹句	0	1	0	3	0	0	0	7	18	6	57	92	1：2.22
消极感叹句	1	0	2	1	0	0	0	17	53	15	115	204	

在《日出》中，我们一共统计到积极感叹句 199 句、消极感叹句 237 句，得到积极感叹句和消极感叹句的比例为 1：1.19，见表 3-10。从总体上看，情感内容稍偏向消极性，但不明显，同时内部各类基本上也都偏向消极性。

表 3-10　《日出》感叹句统计情况

	典型感叹句										非典型感叹句	总计	比例
	好	多/多么	可	真	太	够	怪	语气词	感叹词	独词			
积极感叹句	0	2	0	13	1	0	0	20	33	18	112	199	1：1.19
消极感叹句	2	1	0	5	1	0	0	24	32	45	127	237	

在《原野》中，我们一共统计到积极感叹句 242 句、消极感叹句 387 句，得到积极感叹句和消极感叹句的比例为 1：1.6，见表 3-11。从总体上看，情感内容偏向消极性，同时内部各类基本上也都偏向消极性。

表 3-11　《原野》感叹句统计情况

	典型感叹句										非典型感叹句	总计	比例
	好	多/多么	可	真	太	够	怪	语气词	感叹词	独词			
积极感叹句	0	0	1	2	1	0	1	11	31	29	166	242	1：1.6
消极感叹句	15	0	1	2	0	0	0	21	72	77	199	387	

通过以上几张表格，我们大概可以发现，不论是从整体看，还是从内部各类看，汉语母语者在使用感叹句时情感内容普遍偏向消极性。但是，出于平衡语体，使结果保持客观性的目的，同时也出于保证尽可能大的数据量的目的，我们综合上述所有数据，在得到汉语母语者使用的感叹句统计情况的基础上计算出了感叹常数，见表3-12。从中可知，积极感叹句有 1,220 句，消极感叹句有 1,644 句，比例为 1∶1.35，也就是感叹常数为 1∶1.35。

表3-12　汉语母语者使用的感叹句统计情况

	典型感叹句										非典型感叹句	总计	比例
	好	多/多么	可	真	太	够	怪	语气词	感叹词	独词			
积极感叹句	1	8	36	28	7	2	1	279	114	83	661	1220	1∶1.35
消极感叹句	20	2	37	26	6	4	1	298	241	186	823	1644	

为了能更直观地感受典型感叹句的情况，我们简化后得到的数据见表3-13。

表3-13　汉语母语者典型感叹句统计情况

	句数	典型感叹句的感叹常数
积极典型感叹句	559	1∶1.47
消极典型感叹句	821	

从以上呈现的数据可以看出，汉语母语者使用感叹句的感叹常数为 1∶1.35，使用典型感叹句的感叹常数为 1∶1.47。因此，我们认为汉语母语者在使用感叹句时存在一定的偏向性。他们更愿意使用消极感叹句，内部也更愿意使用消极典型感叹句，尤其是带有"好"字副词标记的感叹句、带有语气词标记的感叹句、带有感叹词标记的感叹句和独词感叹句。

二、汉语国际教育教材典型感叹句分析

（一）教材的选取

为了分析汉语学习者在典型感叹句方面出现的问题，在此选择从教材入手，考察教材的设置。

在教材的选取上，我们选择了两套代表性教材，分别是《新实用汉语课本》和《HSK标准教程》。

《新实用汉语课本》：《实用汉语课本》是 20 世纪 70 年代末刘珣主编专门为海外汉语教学编写的第一套基础汉语教材。"该书第一、二册于 80 年代初出版，就受到海内外汉语教学界的重视。据国外的调查统计，《实用汉语课本》第一、二册在很多欧美国家教授现代汉语的大学中使用率曾高达 75%。而《新实用汉语课本》继承了原《实用汉语课本》受到各国使用者欢迎并经过时间考验的一些特点，仍为学习者所喜爱。"① 因此，这一套教材，具有代表性。

《HSK 标准教程》：是专为 HSK 考试而编写的书目。2009 年全新改版后的 HSK 考试，由过去以考核汉语知识水平为主，转为重点评价汉语学习者运用汉语进行交际的能力，很好地适应了各国汉语教学的实际，受到了普遍欢迎。随着 HSK 考生急剧增多，汉语学习的需求也不断提高，《HSK 标准教程》就是在这样的背景下产生的，它以 HSK 大纲为纲，体现了"考教结合""以考促教""以考促学"的特点。因此，我们认为《HSK 标准教程》在众多针对 HSK 考试的教材中具有代表性。

这两套教材的编写目的不同，又各具代表性，满足了大部分汉语学习者的需要，被广泛使用。因此，我们选择以这两套教材为考察文本。

同时，就教材考察内容而言，两套教材的课文语体大致符合感叹句出现的语境。语言教学的根本目的在于培养学习者用目的语进行交际的能力，这一根本目的也成为编者在编写教材时的考量标准。《新实用汉语课本》的编者在前言中就介绍到第一、二册的课文基本上为对话体；《HSK 标准教程》的编者也在说明中提及前两册课文都是由话轮组成的，也就是对话体。教材的编写都是由易到难、由简入深的。对初学者而言，学习日常交流对话最为合适，因为这样的对话既贴近生活又易于上手。因此，不论是《新实用汉语课本》还是《HSK 标准教程》，都是以日常交流对话为主的对话体课文。

随着学习者水平的提高，为了适应学习者成段表达的需要，从《新实用汉语课本 4》和《HSK 标准教程 3》开始，编者加入了短文形式的课文。虽然不是最适合教学感叹句的口语语境，但是编者都提到这些短文以叙述、议论为主，兼及描写、说明，编者在为学习者提供多种文体的同时也在叙述中穿插了对话，这样仍旧保留了适合感叹句教学的语境。

因此，我们以《新实用汉语课本》和《HSK 标准教程》中的课文为主要考察内容是恰当的。

（二）通行教材典型感叹句设置状况描写

针对以上两本教材，我们同样以"感叹号"查找全文，去除祈使句后，分别检索到感叹句 226 句和 211 句。其中，分别存在 9 句和 5 句无法确定情感的感叹句，去除后，得到

---

① 刘珣. 为新世纪编写的《新实用汉语课本》[J]. 暨南大学华文学院学报，2003（2）：1—5.

感叹句217句和206句。在进行内部形式归类时，对于那些同时存在几个感叹标记的感叹句，我们同样以感叹标记出现的优先顺序为标准，先出现哪个感叹标记就优先归入哪一类感叹句。另外，为了统计方便，课文中出现的对话双方都由 A、B 和 C 代替。由此，我们分别统计得到如下内部具体情况。

1. 《新实用汉语课本》典型感叹句的设置

从表3-14中可知，积极感叹句有120句，消极感叹句有98句，积极感叹句和消极感叹句的比例为1.23：1。

表3-14 《新实用汉语课本》感叹句统计情况

	典型感叹句									非典型感叹句	总计	比例
	好	多/多么	可	真	太	够	怪	语气词	感叹词	独词		
积极感叹句	5	15	1	17	9	0	0	17	12	0	44	120	1.23：1
消极感叹句	3	1	1	6	3	1	0	18	9	1	55	98	

为了能更直观地感受《新实用汉语课本》中典型感叹句的情况，我们简化后得到的数据见表3-15。

表3-15 《新实用汉语课本》典型感叹句统计情况

	句数	典型感叹句的感叹常数
积极典型感叹句	76	1.77：1
消极典型感叹句	43	

从以上两张统计表可知，《新实用汉语课本》中积极感叹句和消极感叹句的比例为1.23：1，而汉语母语者使用的感叹句的感叹常数为1：1.35；《新实用汉语课本》中积极典型感叹句和消极典型感叹句的比例为1.77：1，而汉语母语者使用的典型感叹句的感叹常数为1：1.47。因此，不论是感叹句，还是典型感叹句，二者都存在差异性，尤其是典型感叹句，差异明显。

具体观察表3-14，我们可以发现《新实用汉语课本》中典型感叹句的情感普遍偏向积极性。其中，带有"好"字副词标记的感叹句、带有语气词标记的感叹句和带有感叹词标记的感叹句，并没有明显的情感偏向。而根据表3-12，我们可以知道，汉语母语者在使用这三类感叹句时，情感内容却更偏向消极性。

为了更清晰地展示《新实用汉语课本》中典型感叹句内部各类的出现情况，我们选择用饼状图来呈现，结果如图 3-1 所示。

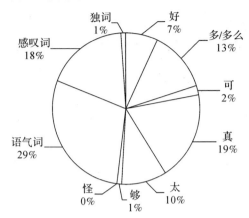

图 3-1　《新实用汉语课本》中出现的典型感叹句使用占比

根据图 3-1，我们发现在《新实用汉语课本》中出现的典型感叹句中，带有语气词标记和带有感叹词标记的感叹句总占比为 47％。所以，不论是带有语气词标记的感叹句还是带有感叹词标记的感叹句，它们的占比均低于汉语母语者使用的占比。同时，使用的带有副词标记的感叹句占比 52％大大高于汉语母语者使用的占比 13％。而且，独词感叹句的占比存在明显差异，《新实用汉语课本》中独词感叹句的占比仅为 1％，而汉语母语者的使用占比为 19％，其占比数仅次于带有语气词标记和带有感叹词标记的感叹句。

2.《HSK 标准教程》典型感叹句的设置

从表 3-16 中可知，积极感叹句有 114 句，消极感叹句有 92 句，积极感叹句和消极感叹句的比例为 1.24∶1。

表 3-16　《HSK 标准教程》感叹句统计情况

	典型感叹句									非典型感叹句	总计	比例
	好	多/多么	可	真	太	够	怪	语气词	感叹词	独词			
积极感叹句	1	9	2	35	10	0	0	13	1	0	43	114	1.24∶1
消极感叹句	0	2	1	18	8	1	0	9	6	1	46	92	

同样，为了能更直观地感受《HSK 标准教程》中典型感叹句的情况，我们简化后得到的数据见表 3-17。

表 3-17　《HSK 标准教程》典型感叹句统计情况

	句数	典型感叹句的感叹常数
积极典型感叹句	71	1.54：1
消极典型感叹句	46	

从以上两张统计表可知，《HSK 标准教程》中积极感叹句和消极感叹句的比例为
1.24：1，而汉语母语者使用的感叹句的感叹常数为 1：1.35；《HSK 标准教程》中积极典
型感叹句和消极典型感叹句的比例为 1.54：1，而汉语母语者使用的典型感叹句的感叹常
数为 1：1.47。因此，和《新实用汉语课本》类似，不论是感叹句，还是典型感叹句，二
者都存在差异性，尤其是典型感叹句，差异明显。

具体观察表 3-16 并将其与表 3-12 做对比，我们可以发现，《HSK 标准教程》中典型
感叹句的情感普遍偏向积极性，只有带有感叹词标记的感叹句明显偏向消极性，这与汉语
母语者的使用情况相符，只是因为整体数量较少，我们认为不具代表性。同样，带有
"好"字副词标记的感叹句仅仅只有 1 句，也不能说明问题。但是汉语母语者在使用带有
语气词标记的感叹句时，更偏向消极性，而《HSK 标准教程》中带有语气词标记的积极
感叹句有 13 句，带有语气词标记的消极感叹句只有 9 句。

同样，为了更清晰地展示《HSK 标准教程》中典型感叹句内部各类的出现情况，我
们选择用饼状图来呈现，结果如图 3-2 所示。

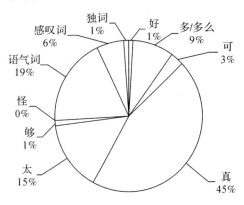

图 3-2　《HSK 标准教程》中出现的典型感叹句使用占比

根据图 3-2，我们发现在《HSK 标准教程》里出现的典型感叹句中，带有语气词标记
和带有感叹词标记的感叹句总占比仅为 25％，同时，使用的带有副词标记的感叹句占比大
大高于汉语母语者使用的占比，尤其是带有"真"字副词标记的感叹句和带有"太"字副
词标记的感叹句，其占比分别为 45％和 15％。而且，独词感叹句的占比也存在明显差异，
《HSK 标准教程》中独词感叹句的占比仅为 1％，而汉语母语者的使用占比为 19％，其占
比数仅次于带有语气词标记和带有感叹词标记的感叹句。

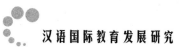

（三）通行教材典型感叹句设置状况问题分析

为了更好地找到两本教材的问题所在，我们对教材中感叹标记的教学设置情况进行了考察。因为大多感叹标记能同时承担多个语言功能，所以很多教材在设置语言点时也会涉及多个语言功能，因此我们统计到的语言点内部也会涉及其他语言功能。

1. 《新实用汉语课本》中典型感叹句的设置问题

（1）设置例句时整体情感内容偏向不符。我们知道，带有"好"字副词标记的感叹句、带有语气词标记的感叹句和带有感叹词标记的感叹句在《新实用汉语课本》中并没有明显的情感偏向，而汉语母语者在使用这三类感叹句时，更偏向消极性。

（2）设置例句时对感叹句的语境意识不强。在统计表 3-18 我们发现，除了生词的例句编者加入了课文中的对话以外，不管是生词后附的例句还是注释的例句，都只给了一个句子或者仅仅一个短语，并没有给出对应的上下文，提供语境使汉语学习者能真实地感受感叹句的情感内容。

（3）典型感叹句教学设置的内部使用占比不符。我们知道，不论是带有语气词标记的感叹句还是带有感叹词标记的感叹句，它们在《新实用汉语课本》中的占比均低于汉语母语者使用的占比，同时使用带有副词标记的感叹句占比大大高于汉语母语者使用的占比。而且，独词感叹句的占比存在明显差异，教材中占比极少。

（4）对除带有副词标记的感叹句以外的典型感叹句的教学意识不强。我们可以发现，编者在教学设置时，基本覆盖了常用的副词标记，如"好""真""太""多"。和感叹词标记与语气词标记一样，课文中出现了独词感叹句，如"难！"，但是编者在教学中也没有涉及。我们认为，这是因为编者缺乏对除带有副词标记的感叹句以外的典型感叹句的教学意识。

2. 《HSK 标准教程》典型感叹句的设置问题

（1）例句设置不当。虽然编者安排的可以作为感叹标记存在的语言点的教学共有 14 个，例句共有 17 句，但是，以"感叹号"为标准，感叹例句仅有 6 句，而且都集中在感叹标记"真""唉""嗯"这 3 个上面。

首先，在可以作为感叹标记存在的 14 个语言点中，编者仅在 3 个语言点的教学中设置了感叹例句，这样的例句数量设置是不够的。其次，《HSK 标准教程》中典型感叹句的情感普遍偏向积极性，但是汉语母语者在使用带有语气词标记的感叹句时，却更偏向消极性。

（2）设置例句时对感叹句的语境意识不强。在仅有的 6 句感叹例句中，除了感叹标记"唉"是以生词的方式进行学习，使得对应的例句自然带有课文语境以外，其他 5 句感叹例句都是以注释的形式进行的。

首先，带有"真"字副词标记的感叹句共有 3 句，其中一句出自课文，另外两句是以一句话的形式出现的，编者并没有提供相应的语境，使汉语学习者很难真实地感受感叹句的情感内容。其次，从注释"真"的设置我们也能发现，编者在设置另两句带有感叹词标记"嗯"的感叹例句时，虽然设置了后句，提供了相应的语境，但这不是因为编者的感叹句语境意识，而是因为"嗯！"只有一个字，不提供下句就无法进行相应的解释，这样的语境是编者为了解释的需要而设置的。这样的情况也会导致学习者无法确定感叹句的情感内容。

（3）对典型感叹句的教学意识不强。编者在教学设置时作为副词标记存在的语言点仅涉及 3 个，如"真""太""多"，但是，除了"真"以外，"太""多"都没有设置相应的感叹例句。

同样，在众多的感叹词标记和语气词标记中，编者分别涉及"哎""唉""嗯""哼""嘿""呵""哇""哦"共 8 个和"啦""嘛"共 2 个可以作为感叹词标记和语气词标记存在的语言点，数量不算少，但是，除了"唉""嗯"以外，其他都没有设置相应的感叹例句。在统计表 3-16 中我们发现在教学设置中没有出现感叹词标记"哎呀""啦"和语气词标记"呢""呀""啊""吧"。我们认为，这些都是因为编者缺乏对典型感叹句的教学意识，即使设置了相关语言点的教学，也没有设置出现感叹例句。

三、汉语国际教育典型感叹句教学建议

（一）教材编写建议

教材的编写应当遵循"真实性"原则，即语言材料要真实地道，能反映目的语社团的真实语言使用情况；还应当遵循"实用性"原则，即"教材的编写要与培养目标密切配合，适应社会和使用者的需求"。有学者认为教材的编写要遵循"实用性"，即"教材内容要从学习者的需要出发，语言材料必须来源于生活，要贯彻精讲多练原则，要使教学过程交际化"。

感叹句作为汉语母语者日常使用的句类之一，有其特定的语言使用环境，因此在编写教材中我们需要考虑其特殊性，只有这样，编写出的教材才是"真实"且"实用"的，同时也是符合学习者需求的，因为只有掌握了感叹句的特殊性，汉语学习者才能更快地贴近汉语母语者的表达方式。

因此，我们针对教材中感叹句的编写提出如下建议。

1. 注意感叹句的情感内容

现行教材大多在结构的分析上做得比较透彻，但是在功能方面，还有很多需要注意的地方，尤其是在表达情感的功能方面。

首先，教材在编写感叹句时，应注意情感内容的偏向，即适当增加消极感叹句的数量，尤其是带有语气词标记的消极感叹句和带有感叹词标记的消极感叹句。其次，在安排例句时，需要注意例句中积极感叹句与消极感叹句的比例，使其与感叹常数大致相符。

2. 提高关于感叹句的语境意识

课文里的感叹句一般不会涉及语境问题，因为课文就是感叹句最好的语境。但是在注释或练习中，考虑到例句的简明性，编者一般不会单独为感叹句提供更多的句子来创造语境。因此，教材可以做出如下改变。

（1）提供上下文语境。这里的"上下文"并不是需要编者每次都提供长长的前句和后句，这样既不适合注释的教学，也不适合练习的训练。事实上，有时候一个小短句就可以提供语境。

（2）提供图片语境。图片也是为例句提供语境的途径之一，我们可以通过图片直观感受到对象的情感内容偏向。《HSK 标准教程》在设置初级词汇和语法的学习时就配套了相应的图片，具体可见上述提及的例子。教材在设置感叹句例句时也可以配套相应的图片来提示对应的语境，尤其是没有上下文语境的感叹句。

3. 提高对感叹句的教学意识

（1）注意对应例句的设置。教材在设置时应注意注释的对应例句要与注释内容相符。如果注释内容为感叹句的语气词标记或感叹词标记，对应例句也应为感叹句，表现在书面符号上即为感叹号。

（2）增加语气词标记和感叹词标记的教学。现在教材中主要涉及的是副词标记的教学，这使得编者在编写教材的课文和练习时，出于复现与熟悉度的考虑，常常会选择使用带有副词标记的感叹句。因此，教材中带有副词标记感叹句的占比往往高于汉语母语者使用的占比。相对应地，带有语气词标记的感叹句和带有感叹词标记的感叹句的占比则大大减少，以至于低于汉语母语者使用的占比。

教材在教学设置时应平衡副词标记、语气词标记和感叹词标记的占比，尽量增加对语气词标记和感叹词标记的教学。

（3）关注独词感叹句。因为独词感叹句的语境性极强，编者难以通过一个注释涉及所有的独词感叹句，所以教材中基本不会涉及独词感叹句。但是汉语母语者使用独词感叹句的频率并不少。独词感叹句的教学可以分散在课文中，以后附"小注释"的形式标注。

（4）有意识地进行归纳总结。不论是感叹句的结构还是感叹句的功能，现在的教材基本上没有对这两个部分进行归纳总结的环节。

《新实用汉语课本》中编者设置了语法复习的环节，比如《新实用汉语课本4》第50课中就设置了对语气助词"吧""呢""了"的总结。因此，教材也可以阶段性地总结感叹句的副词标记、语气词标记和感叹词标记等。

《新实用汉语课本》中编者还设置了"练习与运用"的环节,主要练习的是功能。因此,感叹句表达情感的主要功能以及其中偏向消极的情感内容也都能在这一环节阶段性地总结并练习。

(二)教师教学建议

1. 对教材进行改编

在教材内容不能符合实际情况的条件下,教师可以对教材进行适当改编。在感叹句教学上,教师应当注意以下几点。

(1)关注例句的情感内容,适当补充消极感叹句。教师应当注意教材中感叹句例句的情感内容,如果教材为语气词标记和感叹词标记注释提供的例句多为积极感叹句,那么教师在相应的教学例句中呈现一些消极感叹句来帮助学生感受感叹句的情感内容偏向。例如,教师可以对《新实用汉语课本》中的语言点"好"的感叹例句做如下改编:

a. 好香啊!

b. 今天街上好热闹!

c. 这间屋子好干净啊!

d. 好热的天气啊!

e. 你怎么在这儿看书? 让我们好找!

f. 这间教室好脏! 你们昨天是不是忘记打扫了?

g. 汉语好难啊! 我不想学了。

例 a 至例 e 是课文例句,前 3 句为积极感叹句,后 2 句为消极感叹句,比例为 1.5:1,与感叹常数不符。这时教师可以通过补充消极感叹句例 f 和例 g 帮助学生感受感叹句的情感内容偏向,使比例变为 1:1.3,这时就与感叹常数大致相符了。

(2)关注例句的语境,适当补充对应语境。教师应注意教材中感叹句例句的语境,如果教材提供的例句为单句形式,那么在讲解时为学生提供相应的语境——可以用语言描述情景,也可以提供相应的图片让学生感受语境。例如,教师在讲解《新实用汉语课本 1》中语言点"太"的感叹例句"太大了"时,可以做如下改编:

a. A:这件衣服怎么样?

　B:太大了! 有小一点的吗?

b. 太大了!

例 a 为"太大了"提供了上下文的语境，例 b 则通过图片提供了相应的语境，二者都能在创造语境方面起到作用。

（3）注意注释内容与对应例句的匹配度，适当补充例句。教师应注意教材中注释内容与对应例句是否匹配，如果注释内容为感叹句的语气词标记或感叹词标记，而对应例句非相应感叹句，那么教师在讲解时应当补充相应的感叹句例句，使学生正确理解感叹标记。例如，教师在讲解《新实用汉语课本 3》中语言点"哦"时，可以补充以下感叹例句：

a. A：这件衣服的价钱是一千块。

B：哦！对不起，我不要了。

b. 哦！我忘记带作业了。怎么办？马上就上课了。

《新实用汉语课本 3》中语言点"哦"的教学例句并不是感叹句，教师可以适当为学生补充以上感叹例句，使其掌握"哦"为感叹标记的功能。

2. 提高对感叹句的教学意识

对于那些教材中并未标注的感叹句，教师需要加以注意，并在课堂上加以教学。具体如下：

（1）注意对课文中并未列为注释的感叹标记或感叹句进行教学。如果课文中出现了并未被列为注释的感叹标记或感叹句，那么教师应在课堂上适当提及并帮助学生理解，尤其应注意语气词标记、感叹词标记和独词感叹句。

（2）适当增加语气词标记和感叹词标记的教学。如果教材中的感叹句大多为带有副词标记的感叹句，那么教师可以在教学时适当穿插对语气词标记和感叹词标记的教学，使学生能感受到感叹句使用时内部分类的占比。

（3）有意识地进行归纳总结。如果教材中没有设置对感叹句结构和功能的总结环节，那么教师可以在恰当的时候分阶段对感叹句的结构和功能进行归纳总结。

比如学完副词标记"真""好""太""多/多么"以后，教师可以用一节课来归纳总结带有副词标记的感叹句。或者，在高水平阶段，教师可以对感叹句的功能进行归纳总结，这样学生在日常交流中会更接近汉语母语者的习惯。

3. 为学生提供操练机会

就教学而言，感叹句的结构并不复杂，学生往往很快就能掌握，但是就使用而言，中介语语料库中高水平阶段的汉语学习者在使用感叹句时也会出错。因此需要教师在日常教学中尽可能地提供足够的练习机会。教师可以专门设置练习感叹句的环节，也可以把对感叹句的练习融会在对词语的练习或其他语法结构的练习中，正如练习词语的时候可以练习语法，练习语法的时候可以练习词语一样。

4. 培养学生对感叹句情感内容的敏感意识

教材、教师的"教"和学生的"学"三者应当互为补充。如果仅仅是教材和教师二者注意到感叹句的情感内容，是不够的，学生很可能在感叹句的情感内容上仍旧是无意识的。因此，在学习感叹句的过程中，学生应当在教师的影响下逐渐培养起对感叹句情感内容的敏感意识。比如，教师在讲解例句时适当引导学生发现例句与例句之间情感内容的不同，可以阶段性回顾已经学过的感叹例句的情感内容，引导学生发现偏向性。这样，学生更有可能主动发现教材和教师提供的感叹例句的独特性，也能在没有教材和教师影响的日常交流中敏感地注意到感叹句的情感内容，更快地贴近汉语母语者的表达方式。

第四章　不同平台在汉语国际教育中的应用

如今，网络已成为信息技术的中心，标志着信息产品的进步和信息技术的进一步发展。在网络技术的应用当中，网络软件的开发技术尤其优先，特别是在基础研究方面，提高工作效率已经成为网络软件的开发趋势。本章主要对在线教育与抖音短视频这两个平台在汉语国际教育中的应用进行分析。

第一节　在线教育在汉语国际教育中的应用

一、在线汉语国际教育教学相关情况分析

（一）开展在线汉语教育的相关平台

在线汉语教学网站所面向的群体包括来自世界各国的留学生和来自世界各国的中文爱好者。目前中国的在线汉语教学网站众多，各教学网站的主办单位及规模是不同的，在此将在线汉语教学网站分为以下三大类：一是隶属于政府的教育机构所主办的网站，如网络孔子学院；二是部分中国高校开展的在线汉语教学平台，如网上北语课堂大学、各大高校开展的线上汉语课程等；三是互联网教学平台，将全世界最重要的在线学习平台聚集在一起，如长城汉语等中小型网站。总的来说，在线教育平台在政府的大力支持下得到了相应的发展。由于技术的发展受到限制，网络教学平台在某些方面还很难满足用户的需求，包括网络设计、运行模式、计算机互动和用户体验等。

1. 网络孔子学院

2008 年，中央广播电视大学的网络教育系统——网络孔子学院成立，为学习者和文化爱好者提供在线服务。网络孔子学院是由孔子学院/汉办总部赞助的网站，目标是为中国学员以及全世界的学生提供汉语教育。此外，也可以提供中国的教育资源、中国文化交流体验、实时互动和互联网个性化服务等。网站有 58 个频道，覆盖了 5 个主要保留项目，包括学习中文、中国文化、教育资源、互动式社团和儒家文化。在网络孔子学院中，学习者可以使用的语言有 10 种，包括汉语、日语、英语、德语、西班牙语、法语、俄语、阿拉伯语、韩语、泰语。网站有近 1,000 个小时的音频和视频，提供了大量中国文化内容。

为了帮助网络孔子学院的用户，该平台为来自各个不同国家的老师和爱好中国文化的学习者提供了既高效又及时的支持和服务。孔子学院提供的服务有：给社会各阶层的学习者提供汉语教育，为中国教师提供培训和资源，为中国的教师提供资格考试，提供与中国相关的经济、教育、文化、社会咨询和信息、对当代中国的研究。

2. 网上北语课堂

北京语言大学经过教育部批准和授权，向全世界汉语学习者提供在线汉语学习内容，包括由北京语言高级专家编写的网络中文课程已完工，以及其他学术和非学术课程。在世界上任何地方，只要你具有硬件设施，你就可以使用网上北语课堂这个软件进行在线汉语学习。

3. 各大高校开展的线上汉语课程

开课前期，各大高校综合考虑了多种因素，调整了授课内容与时间，制定了网络教学方案，保障教学秩序与教学质量；确定了适合师生的网络教学平台，并为学生精心撰写了网课操作指南。为了让在线课程平稳启动，老师们提前预想各种问题，针对如何下载使用平台、如何收看回放、如何实现课堂讨论等问题，提前告知学生。与此同时，为保证网络直播效果，各个班级还建立了微信群，在群内提前发布教学资料、电子书、课堂的重难点等，让学生做好准备并提高听课效率。开课之前，老师们纷纷进行了试课，并互相帮助、交流经验，共同克服技术难题，完美完成了由老师到"主播"的华丽转身。

（二）线上与线下汉语国际教育教学比较

1. 教学设备

共同之处：在多媒体的使用上，首先，对于现代教学而言，课件中除了文字内容还可以插入图片、视频等教学内容。其次，线上及线下汉语教学均可能会使用到话筒这一设备，教师线下授课时，当教室较大、学生人数较多时，音响以及话筒就可以起到很好的辅助作用。对于线上汉语教学而言，有些教师为了保证授课时良好的音质与听课效果，会采用三维麦克风，以捕获老师讲课时发出的音频信号，所以对麦克风有着一定的要求。不过，对于仅需要教师通过声音结合课件进行讲授的课程而言，摄像机以及麦克风并不是必要设备。

不同之处：在线汉语教学是通过电脑实时播放老师授课过程的音视频形式呈现的，通过视频，学生不仅要能听清老师的声音，也要能听懂老师所讲的内容。这就对教学视频画面清晰度、音质等有着较高的要求，因此就需要以下几种设备来加以辅助。其一，手机、平板，用来连接视频采集卡，安装视频采集卡软件、直播软件等，使教学音视频信号能够清晰地显示出来，并通过互联网传播出去供求学者观看。其二，用三维高清摄像机来拍摄老师授课的画面，由于既要拍清楚老师讲课时的举止，也要把老师在黑板上写的知识内容拍清晰,所以需要用到能拍摄出 1080P 清晰画面的高清摄像机。而线下汉语教学的场景主要在教室里,教师在讲台上讲授汉语知识,学生坐在下面听讲。教师所使用的教学设备还包括激光翻译笔。激光翻译笔可以有效地帮助教师切换课件中需要向学生展示的内容。

2. 教学对象

对于线上汉语教学而言,近年来越来越多的学习者来到中国,大多数还是汉语学习者。在中国,在线授课、教学对象越来越普遍,教学对象可能是各个国家的学生,他们突破了时间和空间的界限,聚集到在线汉语课堂上。老师与来自世界各地不同肤色和年龄的学生们一起学习,教学对象的范围不断扩大,教学对象的数量也在增加,对于教师来说这样一套新的教学模式既是挑战也是发展。

对于线下汉语教学对象而言,可将其分为以下四种情况。一是来自世界各地,通过面试以及考试获得在中国各大高校留学资格的留学生,主要包括预科生、本科生、研究生。二是在对外汉语培训机构的学习者。近年来,在北京、上海等一线城市,对外汉语培训机构的数量不断增加,在这些机构的汉语学习者,更多的是把汉语当作爱好或者短期提高汉语水平的学生,其中有在校学习的学生,也有普通上班族,还有商业人士。三是在国际学校学习中文的汉语学习者。国际部的汉语学习者的国籍往往是不相同的,他们的课程除了汉语课,还包括数学或其他课程。四是在孔子学院学习的汉语学习者。其可能是中小学生,也可能是大学生。

3. 教材和教学内容

从 20 世纪 50 年代以来,中文作为第二语言在教科书编写上取得了巨大的成功,如《风光汉语》《博雅汉语》等。并且,教科书在数量上也有了很大的发展。线上和线下教学的基本语言内容是相同的,但课本的形式和更新速度是不同的。书的内容集中在语言的结构,并且在结构、功能和文化的结合中发展。从教科书编制到使用,需要有一系列的程序,包括批准、出版、分发、采购等,更新相对较慢。

中国在线教学使用的电子教科书比较注重功能和文化。教材的内容安排会根据与学生的交流,按照需要而定,与中国的文化相符,并且设计得特别灵活——根据学生人数、学生的情况,在任何时候都可订有合适的课本。在线汉语课本也有不同的教育观念,内容和教学方式均具备人性化,儿童的在线汉语课本则更加多样化且富有趣味性。在线汉语教科书的特点是更新和应用比较迅速,在相应的软件和媒体上就可以查。但它的缺点是,教材和教学内容出现错误的可能性更高,老师必须在备课的过程中多加关注。

编写教科书所选择的话题更多的是阐明中文的表达习惯,通常用于对话和交流,有时对字迹也需要标准化。而这在线上和线下的教材和教学内容中都是难以实现的。课程的内容基于提高学生的听觉、写作、阅读和书写能力,并且必须结合语法学习和口语练习,以综合学生学习和实践。就线上和线下教学内容而言，其区别是教师教学的重点是不同的，学生所学习的语言水平也不一样，但上课的内容本质是相同的。例如，一位年长的学习者或家庭主妇学习汉语，大都是因为他们对学习汉语感兴趣，对课程内容的选择也会集中于易懂的简单句子，提高聆听和说话的能力，降低写汉字的要求；对年幼者学习中文而言，大半是因为父母希望提升孩子的中文水平，因此应选择有趣的单词和句子，或者有关学生生活的内容，增加学习者的学习兴趣。

4. 教学技能

教学技能是教师根据已有的教学理论，按照特定的方式进行不断练习、不断训练，从而形成的一种稳固的教学技能。对于线上教学而言，在语言技能上，教师的语言应该在充满感染力的同时也能让学生觉得通俗易懂，并且对学生起到一定的启发作用。教师的语言不应长篇大论，而应严谨、凝练且具有逻辑，让学生的学习动机得到启发。并且线上教师的语言相比较而言会更加的巧妙，从而让学生获得更多的启发，让学生对汉语的认知以及思维能力都得到提升。无论是对线上还是对线下，教师在课堂上所使用的语言，其语音、语调都要合乎语法逻辑。

在板书技能上，由于信息技术的不断发展，线上的教学必然全部在网络上完成，线下的教学活动中也早已普及了多媒体。在线上，教师通过屏幕向学生们展示教学内容，也可以随着讲解的节奏，在屏幕上进行自主书写。在线下，教师们除了通过多媒体进行教学，还可以在黑板上进行板书，这是传统线下汉语教学方式的特色，也是线上汉语无法进行的操作。

在教态变化技能上，线下汉语教师的可发挥空间更大，良好的教态是教师素养的一大部分。但在线上教学中，教师很多时候无法展现自身的教态变化，例如当教师授课没有足够的施展空间时，当班级人数较多时，开视频容易造成卡顿的现象。在线下，教师能更直接地利用教态向学生传达自身所表达的内容，从而易与学生建立情感上的连接。但在线上，教师利用教态与学生建立感情的难度就有所增加。

在组织技能上，线下教师利用语言和行动两种方式组织和管理班级，教师可在教室各个位置走动，察看学生的学习生活状态。但在线上，教师所能运用的组织技能是不同的，教师可运用语言来管理班级，但无法走近学生。教师可通过让学生在线打卡等方式来组织和管理班级。

5. 教学模式与教学方法

教学模式与教学方法都是上课所使用的手段，其目的都是完成教师在课堂上所设定的教学任务。教学模式与教学方法不完全相同，教学方法是教学模式的有机组成部分。

教育方法是教育模式的有机组成部分，在汉语国际教育领域，线上教学与线下教学在教学模式上也存在区别。传统线下教学的模式比较单一，即课堂授课这一固定的模式。当然，这种模式是最为普遍的，教学效果也是最佳的。在这种教学模式中，教师在教学过程中能时刻关注学生，学生的任何表情、动作都会被无限放大。因此对于学生来说，其在学习上的问题可以被较快地处理，更容易获得老师的帮助，学习状态也更容易被教师感受到。而线上教学中的教学模式就比较多，学习者能根据自己的需求选择教学模式，不必只局限于一种，这就极大地提高了汉语学习者的自主性，丰富了汉语学习者的学习生活。因此，在教学模式方面，线上教学与线下教学各有优势，呈现互补的形态。

目前在线汉语教学有直播和录播两种教学模式，其主要借助于网络。

录播，也就是异步线上对外汉语教学。异步线上汉语教学是指汉语教师的"教学"和学生的"学习"不在同一时间发生。例如，对一些非洲国家的学生来说，由于受网络环境所限，通过录播课堂学习汉语的方式比较常见，教师可以提前准备好教学资料，包括提前录制好的教学音、视频和文本资料，在指定时间将其发布到互联网上。学生有多种学习汉语的渠道，如通过看视频，还可以通过在网上收听音频、下载资料等方法。

直播，也就是同步线上对外汉语教学。其主要通过一些远程对外汉语教学平台进行教学活动，汉语教师和学生在同一时间参加汉语教学活动。这种形式下，教师和学生只需通过互联网进入一个虚拟的教室，就可进行沟通交流。同步线上对外汉语教学又可以分为两类，一类是师生无法看到对方，如慕课；另一类是教师和学生可以实时看到对方，如一些一对一或一对多在线直播汉语课。

6. 测试与评估

线上课程考核也是以课程目标为导向，测评学生是否达到了课程所设定的知识、能力及素质目标。老师在线教学已有很多妙招促进学生在线互动，线上考核的组织也有很多种。

知识点测试：知识点测试与课堂测验类似，在设置线上测试的时候也可以参考随机出题、弹幕等形式，目的在于快速测试学生的知识点学习情况、活动反馈。

过程性测试：过程性测试类似周检测，可以设置较难的客观题和部分主观题，在设置这些题目的时候应考虑学生在线的提交方式及评价，在设置主观题的时候可以采用线上互评的方式，而提交主观题的模式有"多媒体作业、说作业"等。

形成性测试：形成性测试类似中期测试（模块考试、月考等），针对某一个完整的模块给出测试方案，由学生在线完成，这样的形成性测试可以多次举行，每次的间隔时间在一个月左右。

总结性考试：总结性考试与期末考试类似，期末考试可以以多种方式进行。例如，采取闭卷考试的方式，在考试的过程中，让学生把摄像头打开，对于年龄比较小的学生，还可让家长在旁边进行监考；采取开卷考试的方式，教师往往会在考试之前将在线测试的考核范围告诉学生，学生在得知考核范围后，会根据考试内容进行复习；采取学习提交课程论文的方式，这种方式一般针对处于大学或研究生阶段的汉语学习者。

7. 教学效果评价

（1）言语交际能力。语言交际是人们交往与合作的一种重要方式，对于我们塑造和维护社会的需要有着重要作用，社会也有赖于它存在和发展。对于线下而言，人们的言语交流可以面对面地进行，现如今，技术的进步使人们可以使用非面对面的形式进行交流。前者是在现实生活中进行的语言和言语交流，而后者则是线上交流。虚拟空间中的会话特征与现实中的会话特征是不完全相同的。在虚拟会话空间中，语言教学更多地通过会话记录和会话者的风格、会话者的态度或身份以及他们希望如何继续会话来判断。

（2）非言语交际能力。在在线汉语课堂上，视频窗口的大小决定了学生一般只能看到老师肩以上的部分。非语言信息在在线汉语教学当中扮演着十分重要的角色，像手势、眼睛等都能发挥主导和强化的作用。线上教学可以通过善意的非言语行为证明自己是好意，例如，在视频当中如果你微笑，则表示你向他人传递了友好的信息。

二、在线教育在汉语国际教育中的机遇与挑战

（一）机遇

在线教学的实施，主要是借助一些国内的平台来进行直播教学，如钉钉、腾讯课堂、微信、ClassIn 等。学校会根据自身的情况进行统筹规划，确定上课时间、授课内容和考核方式。当然，实施时也要考虑到学生的具体情况，如时差、设备、网络是否能满足教学的需要。

在线教学往往是一对多的模式，老师和学生各在网络的一端，双方隔着电脑进行教与学。无论是授课内容还是互动方式，都与传统的教学有所不同。由于不确定因素较多，如网络不好、和学生的互动达不到理想的水平等，这就要求教师要对教学过程有更精准的把控。教师必须对教学内容、教学环节、互动方式等做出更科学合理的设计，才能更顺利地开展课程，而这一种新的教学方式也必然会带来一些机遇。

1. 打破时空限制

传统的课堂要求师生在一个教室里学习，在线教育却打破了时空限制，给了师生更多的选择。在汉语国际教育领域的在线教学中，留学生跟中国学生不太一样。中国学生都在国内，大家的作息时间是一致的，便于统一的课程安排和管理；留学生的情况要复杂得多，国内的留学生一般来说都是混合班级制的，也就是说一个班里同时有多个国家的学生。在留学生不能来中国的情况下，就导致每个人的作息可能不一样，这就导致国内的时

间安排不适合留学生的实际情况。

在这种情况下，在线教学就展现了其独特的优势。比如欧洲国家的学生，和中国的时差太大，不方便按照中国的时间来上课。这类同学就可以和老师沟通，是否可以不参加直播课，在合适的时间观看录播视频即可。这样既能保证教学的完整性，又能切实地考虑到每一位同学的特殊情况，让教学和管理更加人性化，让学生感受到学校的人文关怀。

2. 改变教学形式

传统的汉语课堂，教师一般是按照生词、课文、语法的顺序来教授汉语。所有的教学环节都在上课时完成，教学材料主要是课本。而汉语的在线教育完全改变了这个局面。在线教学中，教师和学生的一切联系都依赖于网络，教学的形式自然也跟从前完全不同。由于有限的上课时间，老师可以先把一些简单、重复度高的知识点录制好，需要的时候直接发给学生，让学生自行观看，这是直播课和录播课的相互补充。此外，教师还可以添加网页链接在课件中，上课的时候直接打开，多样化的信息可以让课程更有意思。这些不同的形式都带来了不同于传统课堂的新鲜血液。

汉语国际教育主要是以外国学生为教学对象的汉语教学。对于大部分人来说，语言学习是一个较为枯燥的过程，汉语也不例外。尤其是对于使用音素文字的西方学习者而言，汉语与其母语差异过大，增大了汉语的学习难度。再加上只能进行网络教学，缺乏足够的中文环境，使得汉语的学习更加困难。所以在线上汉语教学中，教师更是要结合多种不同的教学形式，让汉语课堂更加有趣，让学习者能够更好、更轻松地学习中文。

3. 变革教学管理

从学校的管理层面来说，不管是排课还是日常的教学管理，线上教学都更加有条理。尽管一开始不熟悉流程，事情的开展会麻烦一些，但当管理者和老师都习惯了线上的工作方式，一切都会更加有条理。大家的时间规划向单时制倾斜，所有待办事项都被清晰列出，大家只需根据时间表来安排一天的工作就好。

拿课堂教学流程来举例，传统的课堂教学流程一般是从点名开始，到布置作业结束。而在线教学则省去了点名这个环节。学生的出勤可以由平台直接统计，教师和管理者可以很清楚地知道学生的出勤情况以及具体的上课时长，便于更好地安排和管理。有些平台还支持课前预设作业，教师可以提前编辑好本堂课的作业，到布置作业的环节直接打开设置好的作业，讲解完作业要求后，点击一下确定，作业就布置完成了。

4. 最大化利用资源

传统的教学模式更多地依赖课本，教师和学生严格遵守教学大纲，根据教学计划来进行书本知识的学习。虽然会通过 PPT 等形式进行一部分教学材料的补充，但主要还是以课本为主。教师以课本为基础来安排教学进度、设计教学活动，师生从预习到复习都是紧紧围绕着教材进行的。可以说，传统教学中的资源使用情况相对单一，各个级别的汉语课本占据了汉语国际教学的半边天。

而在汉语在线教学中，教师却更多地依赖课件。课件的制作并不是简单地将课本内容复制过来，而是会根据实际的教学需求来进行修改。比如说，教师可以在教学重难点多设计一些练习题，让学生能更好地掌握该知识点。还可以借助互联网中丰富的视频、音频、图片等资源，让课件更加具有观赏性，减轻视觉疲劳，提升学生的学习兴趣。最后，由于互联网中的信息太多太杂，而大多数的汉语学习者水平不是很高，不具备区分优质学习资源的能力。所以，如果由老师来完成这个工作，课前进行仔细地检索和筛选，选出那些与课程相关的，与学生水平相符的资源，在课后分享给学生，让学生可以在一定范围内选择自己感兴趣的，这样可以帮助学生更好、更有效率地学习中文。

5. 提高学生自主性

学生通过网络学习汉语，跟传统的学习方式有很大不同。传统课堂上的语言学习，是在老师的带领下，以教学大纲和课本为基础的学习。虽然语言教学提倡"以教师为主导，学生为主体"，但是在传统的课堂中，还是教师主导的成分多一些。由于每周有固定的课时，当学生学习上有困难时，可以及时和老师沟通。而在线教学却大不一样，老师和学生通过各种网络平台进行教学，虽然师生都没变，但在实际的操作过程中，学生会有更多的自主性，可以更好地自我监控，根据自己的实际情况来进行调整学习。如果自我监控出哪个知识点掌握得不好，就可以在网络上找资源来学习或求助老师，提高学习效率。这就变相要求学生有更高的自我把控的能力，要求学生充分发挥自主性，充分做自己学习的主人。

比如留学生在学习汉语语音时，如果自我监控出哪个音学得不好，需要更多的练习，那他就可以采取如下方式来进行弥补：首先可以通过观看教学回放来再次进行学习，认真模仿老师的发音方法及嘴形，努力发出和老师一样的音；其次，如果回放课程还是看不懂的话，就可以在网上搜索相应的教学视频再次进行模仿；最后，如果在找资源的过程中出现问题，可以跟老师求助。

（二）挑战

网络是把双刃剑，基于网络的在线教学也不例外。虽然在线教育给汉语国际教育事业带来了一些新的机遇，但是随着上课人数增多、课程的多样化以及各类教学活动的开展，也带来了一系列挑战。

1. 网络流畅度不佳

由于近几年在线教学的参与人数激增，网络是否流畅就成了影响教学效果的一个重大因素。并且大多数在线教学都是大班授课，几十人同时在一个教室，如果同时开启多人的视频、音频时，就很容易出现卡顿的现象。学生端的暂时卡顿影响要小一些，网络不好的话，退出重新连接就好了，不会影响其他人。而教师端的网络出现问题的话，影响就大得多。若网络长时间出现问题，把学生留在直播室里，大家不知道该做什么，会增加大家的学习焦虑感，影响学生对课程的喜爱度及学习效果。

为避免这个情况，在课程开始前，教师就要采取一些措施来保障教学活动顺利进行。第一，教师可以建立一个课程的微信群，在直播过程中，若是网络出现了问题，教师就可以在微信群中通知学生，并且布置相应的学习任务，以便有充分的时间来恢复网络或是重启电脑。第二，教师可以先给学生打预防针。在第一次上课时，就告诉学生可能会出现的意外情况，让学生做好心理准备。当网络卡顿的时候，可以先自己看一下学习内容，等待老师回来。

2. 课程吸引力不足

在传统的线下教学中，教师的眼神、手势都是课堂管理中好用的小工具。在学生走神时，教师不需要说话，一个眼神就能告诫学生要好好听讲。在授课时，适当的手势也可以紧抓学生的注意力，让学生把注意力集中在老师的身上。学生始终跟着老师的思路走，老师也能实时监控到课堂的情况。这种师生同在一个教室里的沉浸式教学往往有很好的效果。

而在线教学中，尽管可以使用丰富的图片、视频来吸引学生的注意力，可老师能看到的，始终只有学生在屏幕面前的样子。我们无法监控到屏幕外的东西，无法看到学生的学习环境，无法得知屏幕外发生了什么。这时候就需要老师在课前做好更加充分的准备，在语言点的导入、语法的练习、课堂环节的衔接以及课堂活动等环节都要提前设计好，充分考虑学生的需求，牢牢地抓住学生的注意力。让学生隔着网络，也有置身于课堂之中的感觉。让外国学生即使远离中国，也能在在线课堂中感受到教师的用心，感受到汉语的魅力、中国文化的魅力。

3. 教师适应力不够

由于年轻教师对互联网的接触较多，所以当在线教学这股风吹起来的时候，年轻教师能够很快根据学校或教育部门的指示，学习新平台，学习如何直播授课，学习如何在线上与学生进行更好的互动。反观年长一些的教师，他们的授课经验很足，在线下教学时游刃有余，但由于对互联网不够了解，不能够熟练地操作教学平台，导致无法和学生有足够的交流互动，从而达不到应有的教学效果。他们在这种全新的教学方式中，一整天对着摄像头上课，原本就不太习惯，再加上不熟悉各项操作，一开始难免有些乱了阵脚。

学校应该提前考虑到这类情况，并想出应对的方案。可以在教学开始前，对所有老师进行统一培训，确保大家都能顺利地开展教学工作。对一些有困难的老师，要提供单独培训，让每一位老师都学会如何使用教学平台，以及掌握一些基本的在线教学技巧，以此来保证教学效果。与此同时，还可以定期举办教学分享会，让老师们彼此交流自己的心得体会，分享实用的教学小技巧，以此达到互相学习、互相进步的目的。

4. 教学效果不够理想

在线教学中，尽管教师和学校做了充分的努力，但很多老师都反映教学效果不够理想。其中最大的一个原因是师生对在线教学不适应，总觉得在线教学的效果和体验都比不上传统的教学。要想有更好的教学效果，教师在备好课的同时，要尽早熟悉教学平台的各个功能。课前用心准备，课后及时反思。学生也要调整好自己，尽快适应线上教学的节奏，按照老师的要求来学习。师生都做好自己该做的事情，认真地对待每一堂课，教学效果自然会慢慢好起来。

总之，要想提升在线教学的效果，各方面都要共同努力。不管是教师还是学生，不管是教学管理部门还是教学平台的开发者，都需要付出努力。各个教学平台可以和企业合作，加强 APP 和网站的技术开发，保证其流畅度、扩大其承载量、完善页面设计，做到课程分类清晰，导航操作简洁；老师和学生则要在课前做好充分的准备，包括学习准备和心理准备。毕竟一个好的课堂环境需要师生共同努力、相互合作。大家在做好自己分内事情的同时，还要各方面联手合作，为达到更好的教学效果而努力。

5. 教师稳定性不够

近几年国内的各个学校纷纷开始线上教学，国外的部分大学、孔子学院、孔子课堂等，也都开始了线上教学。学生和老师都慢慢习惯线上教学的方式，习惯了通过一台电脑，足不出户就可以学习到新的知识。然而，受影响的不只这些，还有各类语言辅导机构。这类机构在危机来临时，纷纷探索新的经营策略，在各类学校开展线上教学的同时，一大批辅导机构也开始了线上教学。

相对于正规的学校教育，这一类辅导机构的人员构成较复杂，人员流动也要大得多。特别是线上直播授课，由于线上老师的需求量猛增，该类公司在招聘员工的时候，除了正规的对外汉语老师，也会考虑招聘中小学教师、在校研究生等来兼职授课。而这一类兼职人员，受影响的因素较多，如学校的临时事务、家里有事或者考试等等，因此不能保证很好的稳定性。对于教学机构的学生来说，这样是非常不利于学习的。在线教学的语言环境、课堂氛围等本就不如线下，因此，老师的稳定性对学生来说就非常必要，毕竟教师和学生的磨合都需要一个过程。对于这一类教学机构，建议在招聘的时候就要考虑这方面的因素，通过一些措施来保证教师的稳定性。

在汉语国际教育领域中，在线教育也发挥了不可忽视的作用，让来不了中国的留学生可以继续学习汉语，为汉语的国际推广奠定了坚实的基础。

第二节　抖音短视频在汉语国际教育中的应用

随着社会的进步，新媒体发展越发成熟。新媒体包括视频平台、自媒体平台和社交平台，而其中以趣味、直观、时效等优点为优势的短视频更是广受人民的喜爱。尤其是短视频中近几年广受好评的抖音短视频，国内国外的用户都把它作为主要娱乐项目。抖音在2016年9月就出现在人们视野了，目前是短视频行业的主力军。抖音短视频作为交流平台给许多外来留学生提供了直接的互动平台和丰富的学习平台，除了最基本的汉语汉字学习，抖音短视频还有更加真实的口语学习和文化交际学习。越来越多的外来学习者把抖音短视频作为学习汉语及中国文化的平台。

一、新媒体平台中社交平台应用于汉语国际教育的实践分析

（一）微信应用于汉语国际教育教学

腾讯公司在2011年时推出了一款全新的社交媒介——微信，其凭借效率较高、方便快速的优势，位于中国社交方面的软件下载总量的第一。由原先的QQ到如今的微信，该软件的具体功能系统进行了完善，旨在完全地把QQ进行取代。在微信中人们可以把文字、图片和语音等内容直接进行分享与转发，也可以把接收的信息进行公布。当前，该软件的功能进一步升级，例如支付、名片等内容，已经融入人们的日常生活和社交中。此外，该软件目前走出国门，占据了一定的国际市场份额。不同以往的功能面世，微信推动了社交领域、学习途径的优化。

微信可以归类为即时通信方式的一个媒介，具有一系列的有效功能，使其能够推动言语教育活动的发展。微信的信息的传递可以通过声音、图像等形态出现，改变了授课过程工具过于简单这一长久问题，丰富了可选取教材的类型和模式，激发了学生的积极性。其语音形式，能够避免学生在线下面交过程中的不适和尴尬气氛，也可以推动学生自主地发表意见。其结合图像、文本和视频等多方面融合的模式，能够让老师、学生进行教育感悟和资源材料的共同使用。跟别的载体做比较，微信非常突出的优越性便是使用该软件的用户跟进模块。因为学生已经熟练掌握微信的通信功能，所以从该软件来说，学习者与微信之间的关联性和别的媒介相比非常紧密。同时，在微信上可以同时开展几类互动方法，那么学生便能够使用适应实际情况的社交途径。其显著的社交、通信优势，让人们在使用微信时的交流体验感有了质的飞跃。

在微信上开展的大众服务体系有订阅公众号、小程序、服务公众号、企业微信，那么用户就能够从自身诉求出发来确定恰当的公众号。现在，信息化社会在不断优化，学生和

老师均可以由创新的媒介出发，融入汉语国际教育的口语模式，构建新型的授课活动体系。因为社交类型的软件和载体具备方便使用的效果，高等院校、学生和老师实际应用频率最高的是微信，其客户可以划分成公众号、个体用户。其中，个体用户主要是通过微信进行交流；开展一对多、一对一的形式来构建非正式的集体，也就是老师跟一个学习者的交流形式、老师跟数个学习者的交流形式。那么，学习者便可以从实际诉求出发，来跟教师、别的学生形成交流效果高、关联性大的模式，以沟通聊天为媒介阐述进行口语课程时出现的难题，进行进一步的讨论，以此来解决难题。在此基础上进行的口语课程，潜移默化地提升了学生的口语水平。而就群聊形式来说，老师一般从课程的主题出发，让学习者借助教材的语法、词汇来沟通。那么，老师在分析学习者上传的语音、文本后便可以指出文字内容的偏误问题、口语发音不准确的地方。

以公众平台为基础开展汉语教育的口语课程时，一般向学习者传递文字、图像等内容，进行归类可分为：偏向通知类型的新闻信息；偏向学习类型的学习信息。而前者包括了汉语言在当前国际教育方面的及时资讯、高等院校和培训平台相关的生源宣传、国内如今的娱乐资讯和 HSK 相关资讯等。后者从语法、字词、文化等角度来助推学生进行学习，这起到了辅助教育活动的积极影响。

就课程结束后续的学习掌握程度来说，老师能够把公众号作为追踪学生的途径，老师在公众号后台中，通过设定指定的关键词来进行自动回复，以此让学生能够自由地搜索需要学习的课程信息和知识点。

（二）学习类 APP 应用于汉语国际教育教学

当下的 APP，通常是指需要在手机进行下载安装的软件。而如今运用较为广泛的智能系统主要分为 iOS、Android（安卓），其中，前者是苹果开发的，后者是谷歌研发的。

中国的手机 APP 商城中，能够让学生进行运用的汉语言 APP，基于学生的属性可以进一步归类成：学生将中文当成第二语种的软件类型，学生将中文当成第一语种的软件类型。以中文、汉语等检索词汇搜寻 APP 商城便可以找到对应的软件，其中，第二类的软件总量要高于第一类，同时软件开发的主体大多是小学生、中学生。其次，在中国 APP 商城的中文学习软件中，学生将中文作为第二语种的类型里，做进一步的划分有：词典、测试、字词学习、语言运用、汉语综合运用这 5 种软件。跟微信、微博做进一步的分析，手机软件在研发时具有专业水平高、开发难度大等特点，而很多老师无法研发中文口语类型的软件，所以，在实际的教学活动中，教师无法将之合理地结合教学主题。

（三）微博应用于汉语国际教育教学

目前，大数据时代不断发展、智能化科技不断革新，为线上教育教学提供了动力。而微博，又称为微博客，主要是指以用户的社交网络为载体开展信息的流通和接收的媒介。

该平台的用户借助手机终端、网页等多种途径来打造独立社区，发布的文本内容一般约为130个字，进行同步传播。从2006年开始，国际上的微博也开始流行，其中来自美国的推特便广受欢迎。而中国在2009年中，新浪、腾讯等公司逐步向市场推行了社交平台，主要有腾讯、新浪、搜狐微博。

所谓的Blog，其含义的重点内容：个性鲜明、简洁直观、更新较快。而在微博发布的内容，较于Blog更为简短凝练，其突出的特点主要有：

1. 实时功能

和别的网页、论坛不一样的是，在微博公开的信息会有工作人员进行核查。用户能够自由地选择发布的时间和地点，上传的模式主要有文本、视频等，所以，如果学习者对学习存在疑惑，便能够借助多类模式于微博上来检索、搜寻，而@可以提示一个用户来做问题的处理等。其次，其手机端口，能够在任何时间获取一线的信息。

2. 互动功能

通过多种线上资源的整合，发布信息的用户和发现该信息的用户之间，可以进一步地沟通和互动，彼此来拿到所需的信息。作为发布信息的用户，能够运用链接、长微博等方法来完善、谈论该信息，而"♯＋话题"是另外一种模式，通过构建话题组来独立地丰富相关资源。作为阅读浏览的用户，借助评论的方式，便可和发文者做进一步的讨论。双方从断裂、被动的情况转为自主进行的状态，以交流互动的方式，进行资源、理念的传播和反馈。

3. 移动功能

当前，拥有手机智能终端的人群逐步扩展，而相关技术水平也在提升。与别的沟通信息平台做比较，微博拥有移动的性质，其同时有手机、电脑两种连接终端。具备互联网信号的手机，进行微博APP的安装流程之后，用户便能够在微博APP上，进行信息内容的阅读、发表等，不受时间和地区的限制。如果外国学习者在室外发现学习的疑惑，撰写文本、拍摄视频和图片等都能让教师清楚具体的问题，从而提供一定的助力，体现了实践意义，对社交水平的提升有积极的作用。

4. 普适功能

作为社交媒介，使用微博的用户并不需要深入掌握互联网技术，便能够高效地发表内容信息。从当下的情况来说，推出微博的企业都没有向用户设置费用门槛，在进行账号注册之后便能拥有免费的微博账户。成本小、没有基准的媒介，是吸引用户涌入的重要原因。跟其他成本较高的多媒体教育课程等相比，微博所流通的信息数据较多，相关的成本费用较低，实践较强。

5. 同时具备公众、个性功能

就形式来说，微博能够进行我的朋友、特别关注、关注等多种小组制定，用户可以自行分类。就内容来说，用户发表的信息是微博在进行记录储存，那么，在记录相关生活、学习等信息时，没有时间和空间的限制，还可进行评论、共享等，体现了个性的功能。此外，在微博公开的信息，其他用户能够进行浏览、留言，将公众特征很好地展示出来。原先的 BBS 等媒介以大众为主，电子邮件、qq 是个体沟通媒介中的代表，无法同时具备公众、个性功能。

微博具备的优势让其充当了汉语国际教育活动中的良好交互媒介、协助手段，主要特征为：交流互动的效果较好、信息流通和延展的效率较高、使用人群具有显著的个人区域、媒体容纳程度较大。其发表信息的方式有：文章、长微博和公告等。其交互的方式有：将微博进行评论、转发和收藏等，丰富了信息流通、相关知识传递的全新模式。而使用人群在进行转发、信息发表的时候，能够制定范围，充分地体现了用户的隐私权利。其次，使用人群按照相关的信息来确定具体的"话题"，进一步发表信息内容。在优化信息检索和扩展的体系时，微博制定了以话题、长文章等为基础的分类检索体系，提高了用户搜寻信息的便捷程度。

在运用微博的时候，使用人群不需要具备高深的撰文能力、丰富的知识储备，上传的信息内容通常在 140 字以下。因此，中文的初学者便可以较好地掌握该软件。学生阅读微博的资讯和内容时，如果发现该信息符合自己的喜好，直接转发，便能够把信息内容传递到个人的区域内进行阅读，不受时空的限制。所以，学生能够在微博上来挖掘相关的资源和信息，同时进行重要信息的收集，留存实际的学习阶段和具体内容等。

二、抖音短视频应用于汉语国际教育的实践分析

（一）在教学中的选材优势

在研究期间笔者浏览了上百条与汉语相关的抖音短视频，尤其是与汉语教学相关的视频，每天抖音短视频都有大量更新。根据抖音短视频的内容可以归类为访谈类、文化对比类、语言教学类、文化科普类等。

1. 访谈类

搜索抖音短视频中关于汉语的视频，可以看到许多以访谈形式发布的视频，例如"歪果仁研究协会"账号目前已经发布了超过 350 个视频作品，呈现形式以访谈为主，这一方面说明了国外对于中国及其文化的关注，另一方面采访人与被采访人虽然都是外国人，但是口语表达非常流畅，说明其汉语水平较高，他们通过抖音进行文化的碰撞与交流，在一定程度上有利于中国文化的传播。

2. 语言教学类

语言教学类一般有语法教学、汉字教学、听力教学、口语教学，一般是汉语教师或者从事语言相关类的职业人员的教学内容。

语法教学方面，例如用户账号"杨老师——豆神大语文"坚持定期发布免费的语文知识分享，拥有 712 万粉丝的她致力于把语文教得有意思，让学习者学得到位。另外用户"叩呀学语"专门发布语文基础知识的讲解，例如，划分句子成分——提取"主、谓、宾"。而视频下面老师也会和学习者交流学习内容，从而使学习者对语法知识有更深层次的掌握。

汉字方面的教学一般是老师把教学视频发布到抖音上，免费提供给学习者学习。例如用户"菜菜老师教写字"，她是有八年书法教龄的小学语文教师，一般发布汉字学习的视频，其中"好好学习歌"这一视频获得了近 90 万的点击量，这首歌的内容既符合现代教学观，又易理解，歌曲朗朗上口，得到了广大用户的赞赏和转发。

听力教学方面最典型的就是"汉语为桥，天下一家"的"汉语桥"，例如视频"汉语十级听力之江南皮革厂"点击量 200 多万，在娱乐性的同时，吸引了更多汉语学习者自发的挑战。用户"桑德测评"发布视频"汉语十级听力挑战"，这个不仅考验学习者对汉字的熟悉度，还考验学习者是否能听懂对话者的说话语气，考验其对中国语言文化的了解程度。所以，听力教学是综合性的，考验的角度也多样化。

3. 文化科普类

文化科普类视频通常是由老师述说文化内容，并录制成视频发布到抖音上，有时会辅以剧情讲解。例如用户"汉字里的中国人"定期更新汉字解说视频，每集讲一个汉字，通过对汉字的讲解，使学习者认识中国汉字及汉字文化，视频以动画故事讲述为主。用户"韩小瞄老西"专注于分享中国传统文化或冷或热的知识，科普性强，趣味性高。例如，"最传统的作揖礼，是个什么姿势？""六礼的文化"这些知识趣味性高，对学习者来说难度适中，易接受。

（二）运用于教学的可行性分析

在汉语国际教育中，抖音短视频具有教学条件优势，下面将从功能优势、教学方式优势、运用优势等方面进行阐述。

1. 功能优势

抖音具有私信、评论、发布视频等功能，还可以根据"同城、关注、推荐、热门话题"等渠道关注他人的视频。在汉语国际教育教学中可以以其便捷、时效、低门槛等特点实现师生互动与教学。

抖音的私信和评论功能可以促进学习者之间的探讨与交流，每一个用户，不论是中国人还是外国人，都可以作为学习者的"私人汉语教师或同学"。例如，老师分享自己的抖音教学视频后，学生可以进行线上学习，同时进行时效性的评论交流。对于教师而言，可以自己录制视频在课堂进行辅助教学，也可以直接运用优质的视频辅助教学；对于学习者而言，可以以作业形式提交录制视频，也可以适当观看抖音教学视频作为作业。

另外，抖音的热门话题紧跟时事，这对于学习者来说是学习和生活娱乐的有机结合。学习者不仅通过观看热门视频得到娱乐消遣，还能学习到非常多的汉语文化知识，话题讨论量也能激发学习者的学习兴趣。

2. 教学方式优势

语法教学：学习者课上观看老师录制的语法视频，制作趣味性歌谣，课下如果还需要巩固，可以反复观看老师的视频，从而掌握语法知识。

汉字教学：教师利用视频讲述汉字的故事与起源，带动学习者深入了解汉字的内涵。学习了汉字之后，可当堂录制汉字朗读视频和书写视频。例如，可以在黑板上写上九个"口"字，引导学习者为"口"添加部件，组成新的汉字。

听力教学：选择经典的电影片段，根据学习者的需求确定视频说的是普通话还是方言，达到锻炼学习普通话及方言的层次性目的。电影片段的内容可以是接地气的、易听懂的生活语言。

口语教学：抖音短视频区别于其他新媒体平台的最大优势就是可以进行高效的口语教学。一方面教师录制绕口令、诗歌朗诵等视频，在课堂上循环播放，达到熏陶感染的效果；另一方面学生课后的作业是录制口语视频，以分享到抖音短视频及老师那里获取反馈评价。如将视频内容直接分享到课堂上作为典型案例进行分析，可提高学习者的表达意愿。

文化知识：教师利用电视剧桥段制作成视频，课上根据视频讲解中国文化。或者直接运用抖音上热门的电视情节，结合实事讲述中国文化，如汉服文化、酒文化等。课下，学习者可以根据课上学习的内容在抖音短视频进行相关内容的搜索，对多样化视频例题的学习可以提高学习者的学习能力及汉语水平。

3. 运用优势

就抖音短视频平台自身客观条件而言，其视频内容是重复播放的，只要学习者不中止，便可以循环播放。通过耳濡目染，可以在一定程度上提高学习者的学习能力。此外，通过指定词语的搜索，可以连续性观看同类型的教学内容，并且抖音短视频会形成智能跟踪，一旦锁定了常搜视频，之后会经常性推送相关视频。另外，其暂停、播放十分便捷，只需轻轻点击即可。

就学习者而言，需要下载抖音短视频，并且能熟练地使用。通过调查知道，大多数的

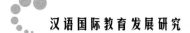

来华留学生都愿意使用抖音，并用其进行汉语学习。

就教学者而言，同样需下载抖音短视频并熟练使用。但根据观察，大多数教学工作者都愿意通过抖音短视频进行视频辅助教学。

（三）新媒体平台应用于汉语国际教育的优势

1. 创造真实的情境教学

在汉语国际教育开展的关键模式中，情境教学是口语课程实际运用较多的模式。该模式一般从生活常见的情况来开展，老师加以指引来构建课程中的社交情境，这样学生和老师便得以开展沟通。在使用情境法的时候，教师将原本的社交场景呈现，提高学习者的口语水平与认知水平。其中，老师的定位是助推教学过程，学习者是中心，在老师的指引下，学习者自主地进行思索、吸收知识，提高潜在创造力和兴趣。

通过全新的媒体手段，能让汉语国际教育课程摆脱单调乏味的教学内容，引入趣味性较强的社交场景。在进行表达时，视觉和听觉便是习惯性运用的感官手段。那么，国内的学生能在相关的社交媒介中进行沟通，如微博、微信以及公众号上进行资源、心得的交流共享，借助广播等媒介来进行实时的感悟传播。学生可以随时随地使用上述社交媒介，国内的用户基数较大。其次，此类媒介能进行语音、图片和文本等形式的信息流通，学生可以从语音上提升口语的水平，可以从字词上优化阐述的速率与精准程度。国内的社交平台大多是基于国内社会实际情况来研发推广的，可以体现中国的文化生活和知识，这也是进行文化互动的载体。在此类软件中，学生能较好地掌握社会交际文化和内容，打破文化的壁垒。

2. 拓展教学形式

就数据信息而言，汉语国际教育的课程开展存在教师数量较少的问题，构建教学水平高的汉教队伍是较为紧急的事。原有的汉语国际教育活动无法随时随地进行，老师不能很好地开展规模较小的教育课程。但是，新媒体的不断发展，助推了汉语国际教育体系的创新。因为相关网络科技、智能化设备的优化，使教学活动能突破以往时间、区域限制的问题。就区域扩展方面，学习者能选择教学的地点，可直接在互联网媒介中进行学习。就时间扩展方面，学生能选择合适的课程时间，突破时差限制，实现碎片化模式，提升学习知识的水平。此外，高水平的媒介缩减了教育学习的成本，让喜欢中文的学习者可以深入学习汉语。以互联网教学媒体为工具，协调不同国家、不同区域的教师资源配置，完全颠覆了先前班级课程（教师与学生之比为1∶20）的模式。并且，老师能在一样的时间中进行数个教学课程，为扩展学生集体提高了可能性。

3. 整合语言资料系统

随着大数据时代的到来，信息的流通与整合进化到另一个阶段。实际上，很多人在进行信息检索浏览新闻时，不需要花费很多精力，便能得到全球范围内、从前到现在的一系列信息内容。而学习汉语的学生可以于社交媒体中查阅信息、沟通交流时，高效地打造独特的资源信息系统。以上提及的公众号是整合、梳理语言信息的良好媒介，在整合之后能进行传递、分享。而在用社交软件进行沟通过程中，国人使用频率较高的礼仪词汇、口语，在商业往来中运用频率较高的商业字词、专有名词，还有线上热度较高的词语、俗语等，均可纳入学习的素材库。同时，学生也能记录常用的言语。这也是探索语言偏误领域的关键参考素材，能协助汉语国际教育的老师发现偏误问题，并制定解决方案，提高教学的质量。

4. 汉语文化的传播国际化

当前国际发展态势逐步多元化，中国的国际地位日益提高，很多国外的人们对我国的文化持有好奇心理，其学习中文的兴趣也随之增加。在全球范围内，学习中文的人数超过了 2 亿，这是汉语国际教育行业发展的时机，也是面临的较大挑战。那么，顺应时代的潮流，与当前多元化、多维度的发展趋势同步，便是汉语国际教育发展的主旨，而新媒体技术的发展扩展了汉语国际教育的发展模式。将新媒体平台作为辅助教学工具，能进行以往教学体系无法进行的教育教学流程，扩展汉语国际教育的涉及范围和区域。现在，经济产业的建设和高新科技息息相关，汉语国际教育领域要主动地运用多种科技，丰富教学技术体系，实现智能化的教学活动。

在整个对外教学过程中，中文和文化都是要传授的内容。在当下，国内的不同媒体机构均设计并播出了同文化有关的线上节目等，其中，很多高质量的节目深受国际媒体和人民的欢迎。例如，《我们诞生在中国》主要传播国内的野生动物知识与地理知识，《舌尖上的中国》主要宣传国内的饮食文化与习俗，而《我在故宫修文物》主要展示了文物遗产与传统文化，这便构建了中国与国外之间的文化传播媒介。我国的文化、价值理念和别的国家相比存在着一定的差异性，实际上，出现不认同的现象是普遍的。但是，中国的文化在不断的宣传中，很多海外人士通过关注、深入了解后，对我国文化产生了极大的兴趣与喜爱，还会进行宣传。

第五章 孔子学院汉语国际教育的教学资源和未来发展

第一节 孔子学院教学资源发展

"孔子学院的任务一是传播汉语，二是传播中国文化。"这是孔院迄今为止的基本定位，也可说是中国国内"汉语国际教育"界的基本认识。如果说在孔院设立之初，这一定位对于纠正只注意语言教学的传统具有一定的积极意义，但是随着孔院和汉语国际教育的发展，尤其是随着世界格局的变化，继续坚持这样的定位，不但将制约孔院和汉语国际教育本身的继续成长，更可能影响国家整体战略的有效实施。孔院要走出困境，就必须重新认识自己的定位，确定汉语国际教育的目标在于"推进人类命运共同体建设"，从而在国际政治大背景和负责任大国条件下，从"全球治理"的根本任务出发获得持久的发展动力。

一、孔子学院教学资源发展概况

自 2004 年 11 月第一家孔子学院建立以来，孔子学院已经成为世界人民学习汉语、了解中国文化的重要场所，为全世界汉语学习者提供了优良的汉语学习条件、优秀的师资和优质的课程。截至 2020 年 8 月，全球已有 162 个国家（地区）设立了 541 所孔子学院和 1170 个孔子课堂[1]，其规模和发展速度远超其他语言推广机构。在受到广泛欢迎和关注的同时，也面临一些非议。2020 年 7 月 5 日，教育部正式发布公告设立中外语言交流合作中心（简称语言合作中心），致力于为世界各国民众学习中文、了解中国提供优质服务，为中外语言交流合作、世界多元文化互学互鉴搭建友好协作的平台。孔子学院品牌改由民间公益组织"中国国际中文教育基金会"全面负责运行，支持全球孔子学院发展[2]。这标志着孔子学院建设全面转型，进入全新的发展阶段。

（一）政策与举措

2006 年汉语教学资源建设的重心发生了转移：由对外汉语教材向海外汉语教材、由

---

① 安然，魏先鹏，许萌萌，等．海内外对孔子学院研究的现状分析［J］．学术研究，2014（11）：129—136.
② 范强，张云．美国芝加哥大学孔子学院关闭事件探究［J］．国际政治研究，2016（6）：108—126.

专业型教材向普及型教材、由成人教材向儿童教材、由纸质教材向网络多媒体教材转变。教学资源的推广方式也随之改变：由政府主导转向政企合作，由中方主导转向国际合作，由主管部门主导转向多部门多单位配合。

（二）教学资源研发

1.多类型多层次教学资源研发

2006年—2019年，新品种研发立项共56个。其中，2007年—2009年是立项高峰期，2009年达到峰值，共11个项目，包括《轻松学汉语（少儿版）》《中外文化交流故事丛书》《中国蒙学经典故事丛书》《Discover China》《江南水乡》《每日汉语（学习课件）》《汉语图解小词典》《汉语快乐读写》《汉语词汇与文化读本（俄语版）》《汉语教学直通车》《汉语交际日语》。新品种包括教材（20种，36%）、文化读物（11种，19%）、工具书（10种，18%）、考试辅导（5种，9%）、数字多媒体（10种，18%）五大类型，其中教材占比最大。大学生及成人产品占比较大，达41%，共23种，中小学生产品占比25%，共14种，教师产品占比11%，共6种。

表 5-1　主干教材研发情况

年份	主干教材数（册）	主干教材语种数（个）
2009	—	20
2010	1115	45
2014	6642	54
2015	6643	54
2016	6643	64
2017	6691	80
2018	6700	80
2019	6800	80

2.主干教材多语种研发

孔子学院主干教材，是指孔子学院总部组织策划编写、招标出版且大多拥有版权的汉语教材与工具书，包括《快乐汉语》《跟我学汉语》《汉语乐园》《新实用汉语课本》《当代中文》《汉语图解词典》《汉语图解小词典》《汉语800字》《国际汉语教学通用课程大纲》等。主干教材自2005年相继出版，2009年多语种翻译工程启动。表5-1所示，截至2019年底，主干教材库含80个语种，6,800多册汉语教材与工具书。

3.本土教学资源研发

2013年起，本土教学资源的数量呈现逐年增长的态势，2016年数量翻倍，截至2019年底，共有126个国家（地区）的488所孔子学院研制了3,993册适应当地教学大纲和考试标准的本土教学资源和各类研究成果，如图 5-1 所示。

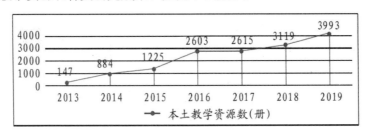

图 5-1　本土教学资源研发情况

（三）网络孔子学院建设

表 5-2　网络孔子学院发展纵览

年份	状态	定位与功能
2007	投入试运行	面向全球汉语学习者和汉语教师，提供在线课程、教学资源、孔子学院在线管理及新闻发布等多项功能
2008	正式开通	面向全球提供汉语课程和教学资源，开设孔子学院论坛、资源中心、名家讲堂、网上中国文化体验中心等 10 余个栏目
2009	完成改版	基本建成以北京、上海、香港、伦敦和洛杉矶为辐射点的全球网络传输硬件平台，架设新版网站架构，启动运营 48 个中英文汉语教学和中华文化频道
2010	—	开通 9 个语种学习中心
2011	完成改版	实现 45 个语种版本上线试运行
2012	—	中国语言文化国际传播数字平台、全球孔子学院（课堂）交流及展示平台
2013	完成升级改造	增加了互动教学视频媒体和电子商务的系统功能，实现全新 WEB2.0 交互及基于 MOOC（慕课）教学理念的实际应用，可为全球用户学习汉语、探索中国文化提供集教学、培训、体验于一体的在线服务
2014	—	全面开展对外汉语网络教学，采用实时互动教学方式，为广大汉语学习者提供大量的在线实时授课和学习课件。
2017	—	提供全球孔子学院慕课及相关服务
2018	官网改版完成	为全球孔子学院提供慕课、微课、教学资源库等资源支持，提供教、学、培、考、认证一站式服务

1. 定位与功能

2006 年纸质教材面授向发展多媒体网络等多样化教学转变，2007 年网络孔子学院应运而生。表 5-2 可见，网络孔子学院先后在 2009、2011、2013、2018 年进行 4 次改版，每次改版，其定位与功能均发生相应变化。

2. 用户量

网络孔子学院注册用户量从 2010 年 10 万增长到 2019 年的 1,202 万，增长了约 120 倍。特别是在 2013 年改版完成后，注册用户量增幅较大，并于 2017 年突破千万大关。2014 年—2019 年，学员用户量也逐年增长，2019 年达 168.8 万。注册用户量与学员用户量的平均比例约为 100∶14，即平均 100 个注册用户中 14 人为学员用户。

（四）国际推广与合作

表 5-3 孔子学院赠书量、受赠机构情况

年份	教材赠送数（万册）	受赠机构数（个）	每个机构平均受赠数（册）	面授学员数（万人）	每个学院平均受赠（册）
2006	59	839	703	1.3	45.38
2007	81.3	1616	503	4.6	17.67
2008	130	1000	1300	13	10.00
2009	430	2169	1982	26	16.54
2010	40	—	—	36	1.11
2011	272	1767	1539	50	5.44
2012	78	1660	470	65.5	1.19
2013	70	1375	509	85	0.82
2014	75	738	1016	111	0.68
2015	86	803	1071	139.4	0.62
2016	54	599	902	155	0.35
2017	45	697	646	170	0.26
2018	27	509	530	186	0.15
2019	16.4	333	492	181	0.09
累计值	1463.7	14105	—	1223.8	—
平均值	104.6	1085	897	87.4	7.16

1. 赠书情况

表 5-3 显示，年度赠书量呈"前期大起大落、后期曲折下行"的趋势，与受赠机构量的走势基本一致。2009 年赠书量和受赠机构量均达到峰值，该年度孔子学院总部向 74 个国家 230 多所孔子学院提供"长城汉语"网络课件，为孔子学院配备体验中华文化的设备，全年合计向 2,169 个教学机构赠送 430 万册。2019 年赠送量落入最低值，共 16.4 万册。14 年间，孔子学院累计向 14,105 个教学机构赠书 1,463.7 万册，平均每个机构受赠约 897 册教材，平均每个面授学员受赠约 7 册。

从年度机构平均受赠数量来看，2009 年每个机构平均受赠册数最多，达到 1,982 册，

2012 年受赠册数最少，为 470 册。而年度面授学员人均受赠量则从 2006 年的约 45 册降至 2019 年的 0.09 册。

2. 推广活动

2010 年—2012 年，为了增强国外汉语教师的教材使用能力，孔子学院开展了大规模教材使用培训，每年在 70 多个国家培训教师近万人。培训内容以如何使用孔子学院主干教材为主；培训细分为"中小学教师班"和"大学及社会教师班"，委托国内 10 余所基地院校承办；培训费用主要由孔子学院总部承担。

在历年"孔子学院大会""汉语桥—中小学校长访华之旅""'三巡'之教材巡展""孔子学院开放日"历届"国际汉语教学研讨会"等品牌会议和项目中，汉语教学资源展均为重要活动之一。每年孔子学院组织参加重要的国际书展，参展最多的年份分别是 2010 年和 2014 年，全年共参展 14 次。另外，孔子学院借助"2008 年奥运会""2009 年世界大学生冬季运动会""2010 年上海世博会"等国家重大运动赛事和国际盛会，提供汉语教材服务，以增强宣传效果。

3. 国际合作

与 14 家国际出版机构的合作项目。合作方式主要有两种：一是"1＋1"合作出版模式，即孔子学院总部与国外出版机构直接合作；二是"1＋1＋1"版权转让模式，即"孔子学院总部＋外方出版社＋中国出版社/当地孔子学院"的合作，该模式更常见。通过多方合作，版权转让初具规模。转让情况见表 5-4 所列。

表 5-4　版权转让情况

年份	项目
2012	通过版权转让，《快乐汉语》《跟我学汉语》《长城汉语》等 8 套教材在英国、西班牙、俄罗斯、澳大利亚、印尼等国出版发行
2013	向俄罗斯、西班牙、日本等 30 国转让教材版权 100 多种
2014	与 83 家国际出版机构进行了意向性洽谈
2015	转让教材版权 30 余种
2016	转让教材版权 12 种

二、孔子学院教学资源发展特点

（一）"一个基调"与"两条主线"

与以往侧重服务来华留学生教育不同，新时期汉语教学资源建设瞄准海外汉语市场，满足海外汉语教学各级各类需求，突出外向型、普及型特征，着力拓宽海外推广渠道。两次规划明晰了"研发与推广"两条主线。两线目标一致，并重并进，互联互动，以研发为基础，以推广为手段，构建汉语教学资源全方位"走出去"格局。

在研发主线上，14年间，孔子学院教学资源历经"多类型""多语种""本土化""标准化""数字化""内涵式"六个建设阶段。见表5-5所列。

表5-5　孔子学院教学资源发展特征

起始年份	阶段	发展特征
2006	多类型	选编不同类型、不同层次、最好的教材推荐给各孔子学院选用；提供丰富的、形式多样的信息资料和辅导材料
2009	多语种	重点教材和工具书多语种翻译工作全面展开（2009）；开发多语种主干教材（2018）
2012	本土化	支持孔子学院开发本土教材（2012）；鼓励各国孔子学院开发本土教材和教学读物（2018）
2013	标准化	加强教材标准建设；实现标准、课程、教材、测试相统一
2014	数字化	增加音像制品（2007）；多媒体汉语教学资源开发（2009）；推进数字化建设（2013）；强化互联网、大数据等现代教学手段应用（2017）；加强数字资源建设，升级网络孔子学院（2019）
2015	内涵式	强化质量建设，促进内涵发展（2015）；支持中外专家联合实施精品教材工程（2019）

推广的重点在于"力度"与"广度"，即始终围绕"加大推广力度""拓宽推广渠道"两个方向展开，特别强调"赠书""培训"两项措施。赠书措施："改革赠书机制""丰富赠书品种""提高赠书效益""启动并升级赠书平台"。2011年提出"加大教材使用培训力度"，随后三年"教材培训"活动次数和受训人数连续增长。

（二）规模不断扩大，体系基本形成

规模扩大主要体现在四方面：一是新品种数量增多，其中不乏精品，如《新概念汉语》《HSK标准教程》《YCT标准教程》《中国人的生活故事》《汉语图解词典》等；二是类型层次丰富，不同国别、语别、媒介质，面向不同人群、课型、级别的教学资源日益齐备；三是语种数量攀升，2017年语种数量达到80种，8部主干教材和工具书以及诸多品牌教材均不同程度地实现了"多语种化"；四是供给数量扩大，"孔子学院赠书网"可供教材数量达到4,655种，年平均赠书量约为100万册。

随着品种、语种增多，"2＋5＋5"汉语教学资源体系逐渐形成，即以学习者、教师为两大使用群体，以汉语教材、文化读物、考试辅导、工具书、数字多媒体为五大类型，涵盖学前教育、基础教育、职业教育、高等教育、社会教育五大层次。在此基础上，《快乐汉语》《体验汉语》《汉语乐园》《跟我学汉语》《轻松学汉语》《新实用汉语》《新概念汉语》等汉语教学资源品牌集群逐步建立。

（三）结构有待优化，精品率亟须提高

资源结构仍存在两大缺陷：一是文化读物和工具书偏少，新品种中的文化读物项目仅有《中国常识系列》《中外文化交流故事》《中国蒙学经典故事》《中国好东西》《中国人的生活故事》，工具书只有《汉语800字》《汉语图解词典》《汉语图解小词典》，整体呈现"语言强、文化弱、教材多、辞书少"的面貌；二是中小学生、教师发展用书偏少，立项并出版的中小学教材只有《新乘风汉语》《轻松学汉语（少儿版）》《YCT标准教程》，教师发展用书多为大纲和标准。可见，资源供给在汉语教学快速低龄化与汉语教师整体匮乏的形势下，仍显乏力。

56个新品种中"精品率"不高。为俄语区国家、西班牙语区国家开发的教材及某些考试类、读物类、词典类产品也未能如期面世。

（四）国别定制教材鲜见，本土教材使用效益较低

尽管80个语种版本快速实现了汉语教材全球"广覆盖"，为国别、语别、区域定制的汉语教材仍显稀少。规划并出版的国别教材只有《体验汉语（泰国）》《新丝路汉语（吉尔吉斯斯坦）》《精英汉语（葡萄牙）》，这显然没有跟上汉语不断进入外国国民教育体系的步伐。

2019年本土教材数量已达399册，但这些教材大部分还只是"自编讲义"。在内容上，它们是根据教师个人的教学需要和经验，或为孔子学院的特色课程而编写，过于个性化，普适性不强；在质量上，它们还不是正式出版物，质量仍有待提升；在使用上，它们通常只在该孔子学院内部使用，推广受限，使用效益较低。

（五）平台建设受到重视，国际影响力有待提升

网络孔子学院是互联网时代的产物，在积极推进"互联网＋教育"的大背景下，逐步发展壮大，成为展示、传播汉语与中华文化的重要窗口。2017年平台注册用户突破千万，2019年平台注册用户达1,202万，学员用户为168.8万，彰显其品牌价值和发展潜力。但通过"Alexa"网站2019年7月29日流量考察，与其他国际语言文化传播机构网站相比，网络孔子学院的全球排名和访客排名均处落后地位，网站价值和国际影响力还有巨大的提升空间。见表5-6所列。

表5-6　主要国际语言教学机构网站的全球排名和访客排名

国际主要语言文化传播机构网站	全球排名	访客排名
英国文化委员会 britishcouncil. org	2,133	2,414
歌德学院 goethe. de	10,340	11,599
塞万提斯学院 cervantes. es	16,494	17,576

续表

国际主要语言文化传播机构网站	全球排名	访客排名
法语联盟 alliancefr. org	260,401	288,006
网络孔子学院 chinesecio. com	283,840	277,862

（六）平台定位漂移，资源缺乏整合

十多年间，网络孔子学院经过 4 次较大改版。2007 年—2008 年，网络孔子学院定位为"资源平台"；2009 年首次改版完成，增加了语种频道，重新划分了板块内容；2011 年—2012 年，其定位改为"资源＋多语种＋线上活动"平台；2013 年—2016 年，网络孔子学院改版为"在线实时互动教学平台"；2017 年—2018 年，改版为"慕课平台"。每次改版，平台定位、功能与内容都进行了较大调整。多次"颠覆式"改版不仅耗费资金，也不利于平台吸引优质资源，不利于持续培育用户，影响其稳定发展。

除网络孔子学院以外，孔子学院开展了"多库多平台多资源"建设，涉及"主干教材库""本土教学资源库""教学案例库""中外文化差异案例库""国际汉语教材编写指南平台""孔子学院数字图书馆""孔子学院赠书平台"等。另外，配合立项教材开发的课件、音视频、动画等素材型资源十分丰富。但遗憾的是，大部分资源分散各处，未能有效统筹与整合，对网络孔子学院的资源支撑有限。

（七）赠书理念悄然变化，市场运作仍需时日

教材"配送""赠送""赠售"三种措辞，反映出孔子学院教材"由配转赠、由赠转售、以赠促售"的推广理念逐步变化。从数据看，年度赠书量、机构年均受赠册数与学员人均受赠册数都在"调整下行"，说明孔子学院也在摸索从"计划配给"到"市场运作"的路径。

（八）推广活动常态化，版权转让比例待提高

教材培训经历了从"无意识"到"有意识"、从"专项"到"专题"、从"集中"到"分散"的三种变化。自 2010 年，孔子学院认识到教材使用培训对提高教学质量、促进教材推广的积极意义，随即在 2010 年—2012 年开展了教材使用专项培训；2013 年教材专项培训逐渐取消，教材培训融入常规教师培训项目，成为重要的专题课程；此外，由各地孔子学院、教学机构、出版机构举办的教材培训丰富多彩，特别是利于新媒体技术的线上培训、直播课程，为学员提供了极大便利。

孔子学院总部以举办、承办、协办、参与等多种形式开展教材展览活动。在常规工作基础上，不断与时俱进，增添亮点。例如，近年来在教材展中新增新技术展区、文化创意展等，体现了教学资源与技术相融、语言与文化互润的时代特征。

三、思考与建议

(一) 加大海外国民教育体系内汉语教学资源建设

保障优质教学资源供应，有助于夯实汉语在对象国教育体系内的地位。海外国民教育体系内汉语教学资源研发可采取两种模式：一是"他国主导，我国辅助"，该模式适用于汉语教学基础较好的国家，有利于激发对象国教学资源发展的内在动力；二是"两国合作，共同组队"，对此，我国主管部门可进行公开招标，对研发团队设定必要条件。对于市场前景较好的项目，主管部门可以"不投资，只授权"，中标团队享有版权及所属权利；如果市场前景尚不明朗，主管部门可以"适当投资，独/分享版权"。最重要的是，主管部门应在汉语进入国民教育体系的国家中，选取重点，推动教学资源试点建设，摸索出几个可以"复制"的典型案例，以点带面，通过一国教育体系内教材建设带动所在区域汉语教学发展。

(二) 落实"汉语＋"教学资源开发

建设引领汉语教学进入新阶段。在倡议下，越来越多沿线国家将汉语纳入国民教育体系，沿线国家设立的孔子学院明显增多，汉语教育需求趋向实用、多元，"汉语＋"项目应运而生。"汉语＋"的内涵十分丰富，狭义上可看作"汉语十专业/职业/行业/技术"的新教学理念，广义上看，"汉语＋"为汉语国际教育注入新动力、营造新生态，汉语国际教育将从大众普及阶段步入多元实用阶段。"汉语＋"项目的意义也不单纯是汉语与内容的融合，而是以服务建设为目标，与当地社会发展的深度融合。面对汉语教学资源新需求，孔子学院应在供需双方之间架设"高速路"，将"中资企业""当地社团"等新生力量纳入资源建设的"朋友圈"，共同探索"汉语＋"教学资源建设的实现途径，尽快填补"汉语＋"教学资源空白。

(三) 多举措促进汉语教学资源研发提质增效

当前，汉语教学资源面临着精品供给不足，创新驱动薄弱，产品结构失调等问题。为此，本书建议采用以下措施：第一，增强教材研发的科研含量。充分发挥国内外汉语教学资源研发基地的科研专长，委托其开展针对性课题研究；充分利用孔子学院总部科研基金，精心设计课题指南中相关项目，注重理论与实践的关联性；成立专家委员会，就重大决策召开高端研讨，做到"回归科研、善用科研、转化科研"。第二，引入"合格评价＋水平评价"的教材评价机制。利用"合格评价"建立准入机制，合格教材编入孔子学院总部教材推荐目录，进入全球孔子学院教材发行网络；通过"水平评价"建立选优机制，对年度优秀教材给予嘉奖，激励教材研发的积极性。引入第三方评价，力求评价客观公正，达到以评促建的目的。第三，优化升级资源结构。鼓励优质教材修订升级，激励"需求驱动"下新品种创新研发，提供高端化、定制化、精品化产品与服务供给，以扩大品牌效应。完善各类标准和大纲，尽快出台《中华文化教学大纲》，研制中华文化主干教材，补充文化辅助读物及各类工具书，将研发"重心下沉"，侧重基础教育和职业教育汉语教材开发，使精品教材体系更加完善。

（四）持续加强孔子学院数字化建设

孔子学院数字化建设应考虑以下三个方面：

一是面向未来，面向世界。将云计算、大数据、物联网、移动互联网、AR，VR、人工智能等新技术和孔子学院汉语教育、运行管理深度融合，迎接 5G 时代的到来。应对全球数字鸿沟，面向世界范围内不同群体的学习需求构建多元化、个性化的网络学习环境。

二是共建共享，互联互通。建立资源共建共享的开放合作机制，出台一系列数字化汉语教学资源建设与应用指导性文件，加强资源质量审核，增强知识产权保护意识。深化信息技术与汉语教学融合，引领教育理念与教育模式创新，实现线上资源与线下课程互联，数字孔子学院与实体孔子学院互通。

三是加强管理，安全运行。明确在线资源建设、管理、服务的主体责任，加强在线资源建设师资、使用师资、技术人员培训，遵循国家网络与信息安全的政策法规，确保网络空间核心数据安全。

（五）分层推进汉语教学资源市场化

当前，汉语尚未成为大多数外国学习者的首选语言，汉语教学的国别、区域不平衡性显著，汉语学习需求多元、个性、分散，这都令我们清醒地看到，汉语教学资源的全球市场化尚待时日。但随着中国国力日益增强，汉语的经济价值不断提升，科学评估国别市场环境，积极开展商业布局，分层次、递进式推进汉语教学资源市场化运作，显得尤为重要。在分层和布局中我们应考虑两个方面：一是当地汉语教学生态圈的成熟度。对汉语教学成熟国家，应保持高层对话，减少行政干预；对汉语教学新兴国家，应多方协作，培育市场；对汉语教学欠发达国家，应政策倾斜，提供援助。二是要配合"中国特色大国外交"战略，积极参与建设，分国别、分类型、分重点建立市场运作机制，联合国内外机构孵化优质项目，善用"合作出版、版权输出、实物出口"三种主要海外推广模式，遵循当地市场普遍规律，推动汉语教材进入海外主流市场渠道。

（六）构建"汉语教学资源建设共同体"

教材建设是国家事权，每个国家对本国教材编写与采用均有各种政策规定，甚至是严格把控。可见，汉语教材进入对象国主流教育体系，绝非易事。然而，汉语教材以中国语言与文化为主体内容，具有全方位展现国家软实力、树立国家形象的功能，从这个角度看，汉语教材"走出去"意义非凡。当前，汉语教学资源的研发与推广投入大、回报小、

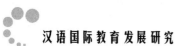

难度高、利润低，行政机构、研发单位与个体均面临重重困阻。这种情况更需要所有从业者坚定"共同体"意识，树立文化自信，消除利益羁绊，营造和谐、发展、共赢的汉语教学资源建设生态环境。

第二节　孔子学院汉语国际教育的困境和优化

随着我国经济持续发展和综合国力不断提升，汉语在国际舞台上的重要性也日益突出，国际上要求学习汉语的人数越来越多，汉语国际教育与推广已成为我国一项国策。

当前，随着孔子学院的开办与发展，一些国家或地区的汉语国际教育的推广取得了一些成绩，如：网络、广播、电视孔子学院开始运营；建立了国际汉语教学标准；加强了汉语国际教育师资队伍建设；建设了系列汉语国际推广基地；汉语教材资源的开发与推广力度不断加强；汉语水平考试不断创新；招生宣传日益多样化，合作办学日益红火，等等。但是，汉语国际教育在推广过程中仍存在许多问题。如，一些国家对于汉语的国际推广在文化和舆论方面存有误解和挑战。而且，我们的汉语国际推广体系中尚存在着不合理、不如意的情况：合格师资短缺，现有师资能力差距较大；人才培养实践性、针对性不强；非母语环境中推广汉语的理论和实践基础薄弱；教材和教学资源不适应外国人的生活和思维习惯，缺乏外国人易于接受的介绍中华文化的书籍和资料；"汉语难学、难教"的问题还没有得到根本性解决；汉语教学缺乏统一标准；人才培养模式亟待改革创新；汉语国际教育与推广缺乏科学合理的评估体系与可持续的发展模式；等等。

汉语国际教育的推广只是近些年才发展起来的事业，所以相关研究也起步较晚、水平偏低。已有研究成果中，经验型、描述型研究居多，评价分析和比较研究较为薄弱；单方面或单一视角研究较多，多维视角或多学科角度研究较少；宏观与微观层面的对接性和连贯性仍不够，导致许多研究成果在处理宏观政策和具体操作间缺乏理性思考。这些不足和缺陷表明深入研究汉语国际教育的必要性和重要性。

一、孔子学院汉语国际教育的发展定位

作为非盈利性质的教育和文化交流机构，孔子学院在汉语国际教育中的定位是开展汉语教学、传播中华文化以及促进多元文化的交流。

（一）开展汉语教学

为更好地开展汉语教学，孔子学院联合国内知名高校出版系列教材和课外读物，根据不同国家的教学需要以及汉语学习者的学习特点分类设置课程；举办"汉语桥"系列比赛，激发汉语学习者学习汉语的热情；举办各类中文水平考试，设置孔子学院奖学金，鼓

励汉语学习者来华交流学习；开设网络孔子学院，提供教学资源库；在多所国内高校试点设立汉语国际教育专业博士学位，逐渐形成"本科—硕士—博士"的培养体系，为汉语国际教育的发展培养高质量人才；选拔派遣大量的汉语教师赶赴世界各地教学；大力培养本土教师。开展汉语教学的目的就在于为汉语学习者提供最正规的学习渠道和最规范的语言学习。

（二）传播中华文化

语言与文化本就是一体的，语言是文化传播的重要载体。在教授汉语知识的同时，"孔子学院应承担更高层次的文化推介与研究工作"[①] 向世人传播悠久的中华文化与历史。如孔子学院每年都举行的"汉语桥"比赛，受到了各方的关注；定期开展的中华传统节日活动，也是得到了各国汉语学习者的积极参与。目前孔子学院的授课方式大多为"汉语知识＋中华文化"的形式，以文化作为辅助手段和载体，吸引学习者的兴趣，促进日常教学工作的正常开展。但是，实际上"中华文化"仅仅被简单地理解为"演奏一首《梁祝》""会写几个毛笔字""制作两张剪纸""编织一个中国结"等，这显然是远远不够的。在汉语国际教育中应该着眼于中国更深层的文化与历史，在与当地文化不冲突的情况下，系统地开展汉语和中华文化教学活动，让学习者了解中华文化的深厚寓意和文化精髓。

（三）促进多元文化的交流

在全球化的今天，孔子学院与汉语国际教育的目标不仅是向外国友人传播汉语，更重要的是促进世界各国文化的交流与沟通。随着中国日益发展，既需要世界了解中国，也需要中国了解世界。作为中国与世界沟通的桥梁，孔子学院无疑起着至关重要的作用。孔子学院分布在世界的大部分地区，不仅向世界展示着中华的悠久历史以及当代中国的精神面貌，同时也为我国积极了解世界各国的风土人情、文化、教育等发挥着重要作用。在教学的过程中，传播中华文化与融入当地文化相互碰撞，产生各种精彩的火花，促进世界文化多样化发展。

二、孔子学院汉语国际教育面临的困境

与英语教育相比，汉语国际教育尚属于新兴学科，管理体制、教学方式、师资培养等方面还不成熟，仍处于摸索、发展时期。孔子学院在汉语教学中不可避免地出现了许多问题，包括文化差异、沟通障碍、汉语教师质量参差不齐、教材的针对性不强等问题，这些都给汉语教学带来了巨大挑战。

（一）文化差异的问题

首先，文化差异表现在汉语教师不熟悉或者不能融入其他国家的文化，根据定式思维

[①]　周璐铭．论孔子学院的战略定位［J］．郑州轻工业学院学报（社会科学版），2013，14（6）：18－22．

开展教学活动以及与学生交往，从而引起一些文化矛盾。相比国内的英语教学，海外汉语教学最大的不同就在于学生特点的不同以及文化的差异。国内英语教学面向的是本国学生，本土教师和学生都处于同一文化背景下，很少出现文化差异问题，更不会出现文化冲突。而海外汉语教学面临的对象是不同国家的学生，教师和学生所处的文化背景不同。在不同的文化交往中，汉语教师往往习惯以定式思维做出反应。

其次，文化差异还体现在，因为地理环境和生活环境的差异，学生不理解中华文化和生活方式而产生一些文化误解。

（二）沟通协调的问题

在海外汉语教学中，部分汉语教师可能会遇到各种各样的沟通问题。如，校方安排的教学活动过多，教学任务比较繁重，教学难度较大，时间安排不太合理；学生不爱学习汉语或者畏难情绪较大；家长对教学有不同的询问、看法甚至质疑；中外教师在教学内容、教学方法和教学方式的处理方面存在文化差异、理念差异甚至矛盾，等等。这些都需要教师具有良好的沟通、协调能力。另外，在海外日常生活中，汉语教师也经常会面临与当地百姓沟通不畅、因文化差异而误会丛生等问题。

在就问题进行沟通的过程中，汉语教师常常又会面临语言不通、文化差异、信仰差异、立场或理念不同等障碍。因此，汉语教师需要及时调整情绪与想法，以积极、包容、客观、理性的态度进行沟通，而且要尽量做到入乡随俗。如果汉语教师只是一味地遵从自己的意愿，不能站在对方的立场上，以跨文化交流的视角去理解和包容对方的做法进而积极做好沟通协调工作，就容易出现各种各样的误解与矛盾，甚至会阻碍汉语教学的正常开展以及日常生活活动的良好进行。

（三）汉语教师的问题

孔子学院派遣的汉语教师是通过严格选拔的汉语教师志愿者和公派教师，尽管大部分的教师都能合理开展教学活动，传播汉语和中华文化。但是，汉语教师的数量和素质也存在以下四个方面的问题。

1. 汉语教师资源缺乏

"汉语热"的持续升温，全球学习汉语的人数不断增加，暴露出汉语师资短缺、汉语教师的数量与学习汉语的人数比例失衡等问题。加上汉语教师任期时间较短（公派教师任期是2～4年，汉语教师志愿者任期为1～3年），具有临时性的特征，缺乏固定性且难以实现职业化，导致汉语教师流动性大。总体而言，汉语教师面临巨大的缺口，资源匮乏，不能满足汉语学习者的需求，无法为汉语教学提供更优质的服务，在一定程度上阻碍了汉语国际教育的进一步发展。

2. 汉语教师素质参差不齐

目前汉语教师志愿者大部分是汉语国际教育专业的学生，小部分则是来自外专业的学生。部分本专业的学生由于地理位置的原因，在平时的学习生活中很少接触到外国留学生，理论知识不能应用于实践活动，得不到相应的技能训练，也不懂得如何与国外学生相处，不具备相应的实践能力。而部分汉语教师志愿者则是来自外语专业、汉语言专业，甚至是物理、化学专业。当然，汉语国际教育这一事业，急需各领域有志青年的加入，多样化的学科知识与思维更能拓宽这一事业，更好地促进汉语在海外的传播。但是非本专业的汉语教师志愿者存在没有系统地学习二语习得、跨文化交际等专业知识的问题。还有部分汉语教师志愿者为了应付选拔考试，临时背答题模板，自身并不真正具备所需的专业基础和能力，而更多地依赖于岗前培训和岗中培训。然而，短短 6 周的岗前培训不能完全帮助汉语教师真正掌握应有的知识与技能，弥补专业知识和技能的短板。在汉语教学的过程中，部分汉语教师志愿者习惯以传统的中国式教学来开展汉语教学，没有将母语学习和二语学习区别开来，容易采用过多较难的词汇或大量媒介语进行讲解，对语言点的操练不到位，缺少机械、半机械环节，存在操练方式单一、课堂管理能力不足等问题。

3. 部分汉语教师缺乏跨文化意识

在中国传统的语文课堂上，教师在讲台上讲解知识，学生要遵守课堂纪律，不能乱动，不能随意说话，更不能随意进出。而汉语国际教育的特殊性则表现在因为文化差异，往往会出现许多意想不到的问题。如，在泰国等东南亚国家，教师在讲课时，如果学生需要上洗手间，可以不经过教师的同意，自行出去。而这一行为与国内的课堂纪律是不相符的。再比如，在德国课堂上，学生会时不时地敲桌子并发出很大的声音，这在国内更是不能被教师接受的。但是在德国文化中，学生敲桌子是表示对教师课堂教学的认可。而缺乏跨文化意识的汉语教师不了解这动作背后的含义，只会以传统的思维认为学生是在捣乱，故意挑战老师的权威，从而批评指责学生。

4. 部分汉语教师缺乏高效的课堂管理能力

在国内的课堂中，教师具有一定的权威性，大部分学生对教师是敬畏的。而在海外的汉语课堂远非如此。以泰国为例，泰国的学生被称为"课上魔鬼，课下天使"，原因在于泰国的课堂氛围活泼，学生上课时比较好动，不便于管理。据在泰国实习的汉语教师反映，一节课有将近半节课的时间都在管理学生，真正教学的时间很少，教学效率较低。汉语教师除了需具备扎实的汉语基础知识之外，了解学生的特点，有技巧地引导学生，具备熟练的课堂管理能力也尤为重要。如果只是依靠大吼大叫等手段来管理课堂，必然会引起学生的不适以及反感。如何管理好课堂，吸引学生的兴趣，集中他们的注意力，这值得每一位汉语教师深入思考。

（四）教材的问题

目前，汉语教师在赴任国教授学生时，所使用的教材大多为国内编写好的教材。虽然教材由国内专业人士编写，具有很高的权威性，且种类较多，但是仍存在以下问题。

1. 教材与时代脱节

孔子学院所使用的多数汉语教材都是多年前编制的，内容不够与时俱进，往往与时代脱节。如，以前在面对别人的夸奖时，中国人往往以谦虚的态度回应。但是现在人们在全球化的影响下，思维发生了变化，性格更为开放，人们更乐意以"谢谢"来感谢他人的赞美。另外，汉语教材大多侧重于介绍中国的古代历史和发展历程，较少涉及现当代中国发展情况。这样会使汉语学习者对中国的了解仍旧停留在几十年以前，给他们烙上了中国发展落后、贫穷的印象。还有部分教材选择的古代人物事迹，因为所处的时代环境和生活方式的不同，很多汉语学习者难以产生共鸣，不能理解和接受古代人物的所作所为。

2. 教材缺乏针对性和特殊性

目前大部分的汉语教材只强调专业性与普遍适用性，缺少特殊性和针对性，不够本土化，没有和当地汉语学习者的学习特点结合起来。如，大部分教材都是用英语做注释，目的是降低汉语学习的难度，帮助汉语学习者更好地理解词语或者语法点的含义。不可否认，英语是当今世界上常用的语言之一。但是，这种做法忽略了母语非英语的汉语学习者，反而加重了他们学习汉语的负担。另外，汉语与英语的翻译不是一一对应的，英语并不能完全准确解释汉语的意思。又如，因为缺乏本土化教材，国外一些学校或者教育机构选择自行改编教材，但又因为缺乏权威人士的指导，导致所改编的教材缺乏专业性，格局不够宽广，只着重于知识的训练，忽略学习者能力和素质的培养。所以，国内外联合编写汉语教材才是解决教材问题的方向。① 将汉语教材的编写与汉语学习者所处的母语、文化背景紧密结合，推出具有当地特色的汉语教材，这对汉语学习者来说显得尤为重要。

三、孔子学院汉语国际教育的优化对策分析

（一）汉语教师的培养

陆俭明从知识结构、能力结构、心理素质三个方面论述了一名称职的汉语教师应具备的能力与素质。② 就目前而言，孔子学院的教师队伍数量有待扩充，教师流动性大，部分汉语教师的能力与素质需提高，解决这些问题要靠多方面的努力与配合。

---

① 李晓琪. 汉语国际教育事业的发展与展望——纪念孔子学院成立十周年［J］. 华南师范大学学报，2014（5）：49.

② 陆俭明. 汉语国际教育专业的定位问题［J］. 语言教学与研究，2014（2）：11-16.

1. 提高对汉语教师的选拔要求

为了促进汉语国际教育高质量、长久持续的发展，孔子学院应该逐渐提高对汉语教师的选拔要求，选拔一批已经具备汉语教学能力、扎实的语言文化基础和海外适应能力的汉语教师。他们在接受岗前培训后能够具备更加成熟、完善的教学方式，以及合理从容应对海外课堂突发情况的能力。

2. 侧重培养与提高汉语教师志愿者的能力与素养

除了现有的岗前和岗中培训外，孔子学院还应定期举办相应的在线系列培训、分享交流会、教学技能大赛等活动，全面提升汉语教师的教学水平。同时，根据不同国家和区域的教学特点以及所需汉语教师的能力和素质要求，应该有针对性地对汉语教师进行分类培训，着重提高汉语教师的相应能力，弥补教学短板，满足当地的教学需求。除了提升汉语教师的教学水平外，还应该提升汉语教师的文化储备。汉语教师应具备基本的文化常识，了解国情与时事政治，能够准确阐释和传播中华文化。

3. 加强对汉语教师志愿者的心理培训以及定期跟踪

汉语教师志愿者大多为在校的大学生和研究生，心理年龄不够成熟，抗压能力也有待加强。不完全具备适应异国文化的能力和独立克服困难完成教学内容的能力，再加上任期时间较长，周围缺少可以沟通与倾诉的华人，所以他们在海外的心理变化可能较大。因此，孔子学院应该加强对汉语教师志愿者的心理关注。比如，汉语教师志愿者定期要向国内选派单位和管理教师汇报近期的情况，方便孔子学院及时掌握汉语教师的心理动态；孔子学院的中方负责人和志愿者管理教师定期和汉语教师进行交流，了解汉语教师志愿者的心理变化；孔子学院定期开展心理疏导活动，帮助汉语教师志愿者适应当地的文化环境，克服教学活动和生活中遇到的困难，释放心理的压力；等等。

4. 提高汉语教师的跨文化交际能力和移情能力

在海外教学时，汉语教师要时刻提醒自己多了解赴任国的文化与习俗，谨记风俗禁忌，尊重当地的文化和传统，学会适应和融入当地的风俗习惯。在面对问题时，要避免产生矛盾，不要将事情扩大化。遇到不能解决的事情时，汉语教师应先与当地负责人进行沟通，寻求帮助，并尊重他人的做法，妥善处理。另外，汉语教师要多培养自己的移情能力，学会换位思考，体会对方的处境，理解对方的感受，欣赏对方的做法，多站在对方的立场上考虑问题，避免给对方带来不必要的麻烦。

5. 加强汉语教师与赴任国当地教师的沟通与交流

海外教学往往会出现许多意想不到的状况，如学生不服从教师的课堂管理；汉语教师不了解所在学校的规定等。汉语教师应该积极与当地教师进行交流与沟通，了解学校的相关规定，当地教学、学生特点，以及当地的风俗禁忌等，逐步提高教学能力和海外适应能

力，融入当地的教学情境，适应当地的生活方式。

6. 鼓励社会教育机构协助培养师资

目前汉语教师主要依托孔子学院和侨办培训派遣，但远远不能满足所需的数量。社会上不乏口碑、信誉、教学质量较好的汉语国际教育机构。孔子学院可鼓励并联合汉语国际教育机构，建立相应的培养机制和考核制度，着力于选拔和培养一批具有教学经验和熟练掌握教学技能的教师，择优派遣，以缓解师资短缺的问题。

7. 完善国内高校汉语国际教育专业的课程设置

部分高校的汉语国际教育专业课程设置不够合理，过多关注学生的理论知识，缺少实践的环节。在巩固学生的汉语基础知识和文化素养、加强理论学习的同时，高校应注重开发教学实践项目，为学生提供海外汉语教学实践机会，以提高学生的教学水平和课堂管理能力。

8. 提升汉语教师的职业保障

孔子学院应联合教育部门，把汉语教师纳入国内教育体制，将汉语教师的考评和任教资格的评定与国内对接，确保汉语教师的职业发展，缓解汉语教师流动性大的现象，促进汉语国际教育的长期可持续发展。

9. 培养本土化汉语教师

要想汉语真正走向世界，只是派遣大量的汉语教师志愿者是不行的。或者说从长远来看，这一条路是走不通的。最有效且最长远的办法"应立足于培养越来越多的本地教师，而不是立足于外派大量志愿者汉语教师"[①]。借鉴国内的英语师资培养模式，海外孔子学院可以与当地教育部门和学校合作，选拔一批高质量的汉语学习者，利用当地丰富的教学资源，设置相应的培训课程，大力培养优秀的本土化汉语教师。

（二）教材的国际化与本土化张力

1. 教材应本土化、具体化

在编写汉语教材时，应该有针对性地面向不同的汉语学习者，考虑到学生特定的文化背景、年龄和学习特点，着重加强教材的本土化特点，不应该面向所有海外学生"一刀切"。同时，结合该国的文化接受程度、宗教信仰和风土人情，有选择性地介绍中华文化和中国概况，并适当与该国文化进行对比，吸引学生的注意力，帮助他们去理解和接受中华文化。

2. 教材应该与时俱进

教材应该及时更新换代。如在对话的选择上应该更加贴合当代中国人的日常生活，而

---

① 陆俭明. 汉语国际教育专业的定位问题 [J]. 语言教学与研究，2014（2）：11—16.

不是按照英语教材的模式去编排。在许多汉语教材的第一课大多出现的都是如下对话："纳荣，你好吗？""我很好！""马克好吗？""他也很好。"① 而在平时的日常生活中，我们很少会进行这样的对话。教材编写者不应该只关注语言点的准确，而应该考虑到中国人的日常生活会话。同时，教材的文化编写部分应该更侧重于当代社会的发展。如在介绍古代四大发明时，课后可以拓展当代的"新四大发明"：共享单车、支付宝、网购、高铁。这样的对比编排不仅可以将当代中国日新月异的发展展现给外国学生，刷新他们对中国贫穷、落后的印象，帮助他们更加熟悉中国的发展历程，更好地融入中国人的生活中，也能激发他们来华交流发展的兴趣。

3. 打造具有知名度与国际化的汉语教材

与其他语言的教材相比，汉语教材的数量与质量都不足，缺乏知名度。因此，"汉语教材需要借鉴其他语言教材编写的经验，以及在教学中广受欢迎的教材的长处，并在此基础上进行创新"②。在参考其他语言教材的同时，结合日常生活情境，融入中国的传统元素，打造出一套具有高质量、高知名度的"中国风"与国际化相结合的教材。

4. 丰富网络学习资源

利用互联网和多媒体，加快电子版教材的编写、网上高质量授课的录制，丰富汉语学习资源的形式与种类，对于汉语教学来说也同样迫在眉睫。传统的授课形式是教师面对面地向学生讲解，学生利用书本上有限的知识和练习进行操练。在线汉语学习形式则突破了传统课堂和纸质教材的局限，结合当代信息技术，以动画、影视等多种形式，给汉语学习者提供丰富多样的创新课程，以及更为直观的学习感受。学习者不用受时间和地点的限制，可以在线有选择性地学习。孔子学院还可以利用手机的便捷性，开发多样的汉语学习小程序和软件，以增加学习者的学习兴趣。

5. 选取优秀文学作品作为汉语教材和课外读物

教材不应仅仅局限于编写的课本，我国大量的经典文学作品，如《诗经》《史记》《朝花夕拾》等都可以用作汉语学习教材和课外读本。孔子学院应当针对不同年龄、不同水平、不同文化背景的汉语学习者，有计划地、有选择性地、高质量地翻译经典的文学作品，推出多样化、有针对性的教材和课外读物，从而为广大汉语爱好者提供更多地道的汉语学习材料。

（三）汉语知识技能型教法向智慧型教法转变

目前的汉语教学，大多是以操练语言点为主，侧重于汉语知识和语言交流技能的训练。除了这种教法外，汉语教师可以向智慧型教法转变。

---

① 姜丽萍．体验汉语基础教程1（泰语版）［M］．北京：高等教育出版社，2008：9．
② 崔希亮．汉语国际教育"三教"问题的核心与基础［J］．世界汉语教学，2010，24（1）：73—81．

1. 了解和满足学习者的真实需求

针对海外汉语学习者的不同需求，汉语教师应该有针对性地分班教学。以学习者的学习需求为主体，结合学习者的年龄和学习水平，汉语教师应采取不同的教学模式、教学理念、教学策略，满足学生的学习需求，激发学生的学习动机，引导学习者有目的地、有兴趣地学习。

2. 创设生活情境，采取灵活教法

汉语教师应根据学习者的真实需求，将教材的内容与生活实际密切结合起来，打破传统的授课模式，创设生活情境，让课堂成为生动、活泼、有趣的生活缩影，采取灵活的教学方法，创新操练形式，提升学习者对汉语的理解和应用能力。

3. 与现代化信息技术相结合

围绕汉语学习，汉语教师可以将现代化信息技术引进教学中，对学习者的学习水平和学习特点进行科学准确的测评、分析，得到有效的反馈，进而开展有针对性的教学，提高教学效率。利用现代化信息技术的多元化模式，如课堂讲授模式、远程学习模式，指导学生在线随时随地学习和操练。同时，教师可利用互联网和多媒体上丰富有趣的教学资源，进行导入、讲解和操练，并设置多样有趣的教学任务，吸引学习者的兴趣，提升汉语教学的趣味性。

4. 关注学习者文化底蕴的学习

汉语教学不能仅停留在语言知识点的学习和操练上，也应关注学习者文化底蕴的提升。汉语教师应有计划、有目的地对中华文化进行讲解和拓展延伸，结合"沉浸式"教学法、演示法、实践活动法等，通过引导学习者对汉语知识的理解、中华工艺的实地考察、中华武术的学习等，理解中华文化的内涵，提升文化素质，丰富自身的文化底蕴与内涵。

（四）文化创生路径

1. 利用信息技术，将中外文化结合

我国有许多饱含中国元素的公益公告、文化旅游宣传片、公益漫画等。如用可爱的中国娃娃来讲解社会主义核心价值观，比生硬的语言更吸引观众的注意力；多年前的两则公益广告中的"妈妈洗脚"和"他虽然忘记了世界，但是却没忘记你"更是深刻诠释了孝道和父爱的含义，观众至今仍记忆深刻。孔子学院可选取国外优良的文化风俗作为素材，结合传统的中国元素，如水墨画、书法、功夫，利用信息技术，制作成视频、图片、沙画、漫画等形式，用汉语进行阐释。中外文化相互碰撞，在传播当地文化和正能量时，也能达到吸引学习者的目的。

2. 研发具有中华特色的益智游戏

20 世纪 80 年代发明的俄罗斯方块游戏仍风靡至今，其变形游戏也同样受到青少年的追捧。中华文化博大精深，优秀传统文化还有很多待开发的空间。孔子学院可以将中华文化和科技结合起来，研发一些适合不同年龄阶段学生的益智游戏。如密室逃脱，每个关卡分别代表一个朝代，汉语学习者完成任务，通过关卡的同时，也能领略到不同的中华文化，了解中华历史。这类型的游戏既可以面向海外的汉语学习者，也可以面向国内的青少年，加强他们对中华文化的热爱和爱国主义情感的培养。

3. 开发高质量的影视资源

借鉴英语和日语的学习资源研发模式，结合汉语学习者的年龄、汉语水平和文化背景，深入挖掘中华文化，拍摄高质量的影视资源、动漫、短视频等，为汉语学习者提供一个真实的语言学习环境，减轻学习者语法学习的畏难心理，让学习者更加灵活地运用汉语交流并且深入了解地道的中华文化。

孔子学院的汉语国际教育事业虽遇到诸多问题，但是整体还是朝着乐观、积极、向上的方向发展。随着中国国际地位的日益提升、世界全球化的逐渐发展以及现代信息技术的不断更新，"汉语热"必将继续增温，汉语国际教育事业的困境将得到不断完善与优化，孔子学院也将迎来一个更快的发展阶段。

第六章　汉语国际教育的发展对策

汉语国际教育的机遇与挑战并存，我们要充分利用汉语国际教育的外部机遇和内部优势，弱化内部劣势，减轻外部的挑战。在当前汉语国际教育发展现状下，可以通过政府做好政策主导，优化教育资源配置；高校优化教育管理，促进内涵式发展等策略，来扭转汉语国际教育的不利局面，推动汉语国际教育的更好发展。

第一节　完善教育管理

随着来华留学生规模的扩大，高校要不断提升教育管理质量，以学历教育为发展引擎，培育优秀人才，促内涵式发展，推动汉语国际教育的可持续发展。

一、完善课程设置

近年来，越来越多的留学生来华攻读学历课程。合理的课程设置、丰富的课程内容是吸引更多留学生来华学习的重要因素。

（一）非学历生课程特色化

进修汉语言的非学历生希望在短时期内提高汉语水平，了解中国文化，相比学历生，他们对汉语学习有着更多新鲜感与好奇心。在课程设置上，除了常规的汉语读写、口语、听力、写作等汉语技能课和传统的书法、剪纸等文化体验课外，应增加更有地域特色的文化课程，如开设特色文化、艺术、旅游等，以丰富多样的课程提高学生的学习兴趣。此外，还要考虑非学历生中汉语水平突出的学生可能还有提升学历的需求，因此有必要增加具有学校学科特色的课程项目，增加课程的特色性和实用性，为学历教育的可持续发展奠定更多生源基础。

（二）学历生课程国际化

一般来说，学历留学生都有着一定的汉语基础，经过一年的汉语预科学习或已通过HSK3级或4级，但实际情况是，高校全英文授课的专业课程不多，许多学历生的汉语水平并不能真正听懂专业内容。要保证学历生的培养质量，需做好基础汉语与专业学习之间的衔接，加强专业汉语课的设置。如针对专业需求、学生国别化特点，开设经贸汉语、科技汉语、工程汉语等专业汉语课程，这也是适应国际对"汉语＋"应用型、复合型人才需求的需要。

在非汉语言专业课程建设方面，应结合高校的专业特色，逐步开设与国际接轨的国际化课程。高校应发挥重点学科优势，以双语课程建设为基础，打造更多适合留学生的全英文授课课程，逐步实现部分课程与国际化接轨，不断提升全英文课程质量，做好全英文授课课程体系建设。同时，针对沿线国家的通用语言不仅仅是英语的情况，在打造全英语授课基础上，也可以增开阿拉伯语、俄语等小语种授课课程，满足沿线国家留学生不同需求，扩大中亚地区的来华留学生规模。因此，对于不同国别、不同地区的学生，应该有区域性课程开发，在国际化的同时也要注重课程的针对性和适应性。

（三）加大实践课比重

留学生的思维较灵活，中国传统的偏理论式教学方式不太适合留学生。留学生课程应更具有丰富教学内容和灵活的教学方式，加大实践课比重，丰富课内外的实践内容和形式。课堂中可以让中外学生一起合作学习，相互讨论，课外组织留学生实地参观、进行体验式教学，让他们真正掌握所学知识，理解中国文化。如汉语国际教育专业的学生应多一些教学技能实践课，多进行教学观摩、教学案例探讨，把握好理论与实践的关系。高校还可以为留学生招募"语伴"，一方面促进留学生对汉语的学习，另一方面也可以方便中国学生学习外语。[①] 在日常生活中，除了组织一些艺术活动、文艺表演、体育竞赛等交流之外，可以引导留学生参加一些学术研讨、知识竞赛等活动，将知识融入实践中。

二、加强师资队伍建设

（一）建立专职教师团队

崔希亮曾提出合格的汉语教师必须注重知识发展、素质发展、教学技能发展和职业发展四个方面的问题。[②] 合格的专职教师是落实人才培养目标的重要因素。专职师资缺乏、教学能力参差不齐、教学培训较少等因素都制约着教学质量的有效实施，建立专职教师团队十分重要。

建立专职教师团队并非易事，可从以下三个方面着手。一是高校应在教师引进时严把质量关，不断引进优秀教师，而不是长期从其他院系聘请教师。二是形成合理的师资结构，确保教师的知识结构符合专业需求。教师应具备本专业先进的教学理念、扎实的语言文化知识和技能、优秀的教学与科研能力。高校在保证专职教师数量的基础上，还应优化教师队伍的学历、职称、年龄构成。三是增加教师留学进修项目，不断完善教师培训体

① 陈莹. 江西省高校来华留学生管理的问题与对策研究［D］. 南昌大学，2020.

② 崔希亮. 汉语国际教育"三教"问题的核心与基础［J］. 世界汉语教学，2010，24（1）：73—81.

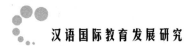

系，提升教师的综合素质。

（二）提升教师国际化水平

高校要建立健全教师的国际化提升制度，定期选派教师或分期分批前往国外一流高校学习交流，在国内外联合培训基地开展培训，不断提升师资队伍的国际化水平，邀请海外专家或国内知名专家授课，或进行网上培训。加强对骨干教师和青年教师的语言培训和国际文化培训，使他们具备国际教育和跨文化交际的能力，既要有跨文化的国际视野，也要培养自觉的中国情怀；定期选派教师去海外游学或教学，丰富其海外教学经验；支持教师参加国际学术交流，了解汉语国际教育的前沿知识，开阔国际视野，进而增长汉语国际教学的能力，提升教师的国际化水平。

（三）提高教学科研能力

汉语国际教师在平时的教学中应不断更新教学理念，在"互联网＋"时代下，不断探索教育现代化，创新教学模式，加强学科基本理论和学科应用理论的研究；在国内外访学、进修调研培训中应不断积累经验，丰富和发展对外汉语教学领域的研究；基于高校自身优势和学科特色，在国别性、区域性教材开发上，要因地制宜，根据不同国别、区域教学对象的特殊性，开发更具适合性的教学资源。如西北大学中亚学院、丝绸之路研究院和西安外国语大学中亚学院教师可利用自身优势，做好相关国家的语言历史文化研究，开展语言、文化等学术科研；积极参加学术交流活动，可以和省内外高校教师一起进行合作科研，以研促教，以研促改，进一步提高教学科研能力。

三、多渠道拓宽留学生规模

网络信息时代，高校应重视宣传，开展各种线下与线上活动，运用各种新媒体提升学校的国际知名度，开拓留学生生源，如开发专门针对中亚、东南亚学生的微信公众号，介绍当地文化及高校特色；优化学校招生网页，适当拍摄多国语言的形象、学校形象宣传片，发布学校留学动态，简化网页搜索步骤，不断更新完善校内留学生网页；通过国家汉办招生平台、HSK汉语考试平台、孔子学院、海外实习基地、留学中介组织等多种渠道，扩大线上宣传范围，展示学校招生项目信息和学校办学优势、特色，同时在招生源头上要注意把关，不能过分降低留学生质量；高校可以增加学历生招生名额，特别是增加高层次（硕、博研究生）学历生的招生比例，优化学历结构，同时积极探索教育国际化，拓展更多招生项目，在实现课程、学分和学历互认等基础上，大力拓展与国外相关院校开展多形式的联合培养招生项目，将留学生国际教育水平向纵深发展。

在来华留学生招生工作方面，应创新招生宣传方式，挖掘招生内驱动力。如高校可以运用网络直播的方式进行线上招生，拉近与留学生的距离；可以主动向来华留学申请者发信件，告知中国的有利形势，表达对留学生的关心，减轻申请者的疑虑，增强申请者来华留学的信心；高校可以依托丝绸之路大学联盟平台，与联盟的海外高校积极沟通，加强招生宣传的同时巩固校级学生交流合作；对于大多数发展中国家，可以考虑在资金、教学资源等方面向他们倾斜，降低对生源的不利影响。

四、丰富国际汉语教学资源

优秀的国际汉语教学资源能为汉语学习者提供优质的汉语教学体验，是汉语国际教育实现高质量发展的重要因素。新形势下，应在政府主导下，汇集高校、民企等多方力量共同研发本土化、特色化、形式多样的国际汉语教学资源。

开发本土化教学资源是目前国际汉语教学资源研发的大趋势。高校可以向教学资源研发做得比较好的高校，如北京语言大学、武汉大学等学校借鉴经验，做好教育对象年龄、教育层次、国别、当地历史文化等方面情况的调研，走市场化道路模式，拓宽教育产品研发渠道。还可以和当地教育教学机构、语言研究所等单位或中文专家学者合作开发"因材、因地施教"的本土化教材，设计丰富多样的教学资源。

特色化教学资源的开发也是适应新时代汉语国际教育的需求。基于历史文化特色，高校可以开发具有地域文化、专业特色的教学资源。在网络时代下，信息碎片化，语言学习者能通过多元化的方式迅速了解语言文化知识。我们可以开发一体化、多样式的教学资源，将纸质教学资源、多媒体教学资源、HSK 水平评估测试、教师评价等相结合，给语言学习者更好的教学服务体验。在"互联网＋"背景下，应助推更多企业针对不同年龄、不同人群研发特色化教学资源。将互联网与智能技术相融合，借助新媒体、新技术，如利用 AR、VR 等技术，结合微信、微博、慕课等各种语言 App，辅以语言卡通动漫、游戏等软件的开发，打造实践性、互动感强、交汇式的学习体验。我们还需加快建立汉语国际教育网站，实现多种教育资源的共享。在目前各种网络教学平台如超星学习通、腾讯课堂、雨课堂、云班课等基础上，设计更有适应性和针对性的汉语国际教育专属平台，来优化线上教学实施的效果。

五、加强专业化管理队伍建设

留学生管理既要规范化、制度化，也要有高质量的管理服务。来华留学生从招生、入学、教学、考核等环节都要规范化，在招生时择优录取、入学后严格要求，参照中国学生的课业、专业能力、毕业标准等对来华留学生实行制度化管理。因留学生的文化背景、思维方式、语言能力等差异，高校应探索"同中有异"的管理模式。来华留学生根据他们的学情与文化特点，探索合理的留学生教学方案，调整授课形式与教学内容。同时，学校要

严抓教育质量，不能因来华留学生的身份特殊性和能力差异性，在教学、考核等环节上放松其学业标准，对未达到要求的留学生应留级或者劝退，不断完善教育管理监督、教学质量保障机制。

高校良好的管理服务同样是影响留学生学习生活质量和留学满意度的重要因素。管理者需要有较强的英语能力、管理沟通能力和跨文化意识，对中外学生要一视同仁，正视不同文化的差异性，更要有耐心、细心来帮助来华留学生尽快融入学习生活中。我们需要不断提高专业化管理队伍建设，留学生管理干部要明晰各自职责，在严格管理的同时做好全方位服务；足额配置高素质留学生辅导员，及时做好教学与生活服务工作。目前部分留学生管理人员为非专业人员，人员配备不足且流动性大。我们需借鉴国内外高校先进的管理服务理念，有针对性地对管理人员进行语言和教育培训，不断提升其管理水平和决策能力。

第二节　提升教育质量

一、促进汉语国际教育提质增效

学习第二语言要付出相当多的时间、精力和经济成本，学习者事先会对学习能力和学习回报做出评估。因此，让外国友人认识到汉语是一门"学得会且值得学"的语言，是吸引他们学习汉语的前提。"学得会"的自信主要来自对这门语言和自身能力的认知，破除"汉语难"的刻板印象需要从教材编写、教学模式创新、教学策略调整、汉语与当地语言的对比研究等方面入手。"汉语国际教育现阶段的根本目标是：以较为轻松的学习方式，用较短的学习时间，使更多的海外学习者走进汉语，学习汉语，并且能乐于学下去。"这是赵金铭教授十年前提出的目标，现在仍然是开展汉语国际教育迫切需要解决的现实问题。"值得学"的认识来自学生对学习投入和产出效果的衡量，如果有足够大的回报，哪怕学习过程再艰辛，学生也有决心、有毅力掌握这门语言。

尽管影响因素很多，但从行业自身发展来看，促进汉语国际教育提质增效最关键的抓手仍是"三教"问题，即教师、教材和教法。"三教"问题早有提及，但针对低龄学习者、专门用途汉语教学以及网络汉语教学的"三教"问题仍然亟待深入研究。关于师资，要在培养一批熟悉本地语言和文化的国际汉语教师的同时大力培养和培训本土教师队伍，要在提高教师汉语教学能力的同时培养和鼓励教师掌握国际贸易、电子商务、旅游管理、医疗卫生等方面的专业知识和技能，要在要求教师具备课堂教学能力的同时掌握线上教学及相关网络教学资源利用与开发的技能。关于教材，要着力解决教材供需不平衡、不匹配、不系统、不专业的问题，要继续开发和优化不同语种版本的经典教材。

二、探索市场化可持续发展模式

各国家和地区情况各异，对汉语国际教育的需求也不尽相同。应对国内教育资源进行统筹协调，发挥各地方和各教育机构的优势，利用好教育市场的调节功能，有针对性地开展汉语国际教育。比如，我国东北地区高校与俄罗斯、蒙古国、韩国等高校有良好的合作基础，而南方高校与东南亚地区交流广泛并有丰富的校友资源，那么不同地区的高校就可以利用自身的优势有针对性地开展汉语国际教育。北京、上海、武汉等城市则可以发挥现代化高等教育资源和历史文化教学资源丰富的优势，开展校际合作和高端专业人才和学术人才培养；西安、苏州、郑州、重庆等地是中欧班列的重要枢纽城市，有针对性地开展"汉语＋经贸""汉语＋电子商务""汉语＋物流"等方面的培训不仅能培养复合型人才，还可以让留学生切身感受当地的经济发展、营商环境、文化传统，甚至有机会与当地企业和商家接触。

三、为促进民心相通搭建语言桥梁

认清"为什么要开展汉语国际教育"是把握汉语国际教育"教什么"和"怎么教"的前提，人类命运共同体理念从更高站位上为理解开展汉语国际教育的宗旨提供了新思路、描绘了新愿景。人类生活在同一个星球，各国共处一个世界，追求本国利益时兼顾他国合理关切，在谋求本国发展中促进各国共同发展。

国际理解教育视域下的汉语国际教育更强调受教育者的知识需求、情感需求和发展需求，注重发挥语言教育的服务功能和交流作用，因此，要根据当地社会、企业、学校、个人的需求拓宽汉语国际教育渠道。比如，在推动当地医疗水平提升项目中，为医护人员提供汉语培训；在中外企业合作和经贸活动中，为当地企业培养"中文＋专业"的复合型人才；为当地开展汉语教育的学校培训本土教师，合作开展本土化教材；为有志于从事中外科技、经贸、人文等各领域的学生提供深造机会。汉语国际教育的需求是多领域和多层次的，汉语教育资源的合理供给会拉动汉语资源的消费，使用汉语教育资源的人越多，汉语教育的市场就越大。灵活采取不同的汉语国际人才培养方式，坚持高校常规教育的同时要探索校企合作的订单式教育模式，坚持语言教育为本的同时要尝试开发中外职业教育合作项目，坚持做好学历教育的同时也要重视短期培训、职业继续教育、学术交流活动、游学和文化体验项目等多种教育形式。

第三节　优化教育资源配置

政府应抓住良好机遇，做好政策主导。在政府主导下，坚持"引进来"与"走出去"相结合的汉语国际教育发展对策，整合挖掘教育优势力量和资源，争取民办教育机构与企事业单位的广泛支持，共同推动汉语国际教育事业的进步。

一、拓宽教育资金投入渠道

随着对外开放的深入，大量来华留学生、外籍汉语爱好者、外商投资企业涌入各地。一些高校已无法满足外籍人员汉语学习的巨大需求，民办教育机构以其灵活的教育模式，可以很好地助力汉语国际教育，政府应鼓励民办办学力量参与到汉语国际教育中来。高校可以和民办汉语培训机构在教师培训、教学资料研发、学生实习等方面加强合作。如高校可以学习民办培训机构在线上教学方面的丰富经验，民办培训机构也可以为高校汉语国际教育专业的本科生和研究生提供实习或就业机会，两者都有提高对外汉语教学效果的目标，可以做到优势互补，形成合力，共同推动汉语国际教育持续快速发展。

当前，教育事业存在经费投入不足的问题，汉语国际教育的发展需要得到企事业单位、社会团体、个人的广泛支持。如在奖学金资助上，完善不同来源途径的留学生奖学金体系，可以吸引更多优秀留学生。同时，要扩展奖学金资助来源，需调动社会组织、团体、企业、个人等多方积极性，鼓励他们在高校设立奖学金。如引进高校与企业的合作项目，创立以企业命名的奖学金，既可吸引更多相关专业的人才前来求学，服务于企业、服务于社会，又能弥补政府财政性经费不足的短板。

二、坚持"引进来"与"走出去"

做好"引进来"方面，政府应统一指挥调度，加快出台鼓励来华留学生学习、优化来华留学生生源质量的各项政策。目前，一些国家和地区的留学生是来华留学生的主力，尤其是中亚国家留学生人数最多，他们对汉语国际教育的需求比较明显。积极开展教育国际合作交流，吸引国外高水平大学合作办学，增强与沿线国家的教育交流合作，重视对高学历（研究生）人才的合作培养，优化来华留学生生源质量；大力支持高校的汉语国际教育建设，加大教育投入，增加奖学金名额；支持高校开展国别区域研究，推动国际教育建设，吸引更多留学生、外籍学者来华学习和交流，与更多海外高校、企业合作，为国内外培养更多语言复合型人才；将大力发展来华留学生学历教育作为汉语国际教育可持续发展的引擎。

做好"走出去"方面，政府应加大对海外孔子学院的支持力度，协助高校加快做好海外孔子学院、汉语实习基地等的建设，投入专项经费支持高校进行本土、特色教学资源、教学模式的研究，选派更多汉语教师志愿者赴海外教学，推动更多优秀人才去海外实践，在做好汉语国际传播的同时积攒教育经验，更好地促进汉语国际教育的长远发展；开拓国际教育市场，将合作办学延伸到海外。政府应助推文化"走出去"，依托地方文化资源和高校教育资源优势，打造自身品牌。政府还应鼓励民间文艺团体赴海外开展文化艺术交流，助推优秀的影视作品到海外展播，向海外民众展现独具魅力的中国文化。

参 考 文 献

[1] 拜梦娇，王亚琼．汉语国际教育中的文化传播研究可视化分析［J］．红河学院学报，2022，20（03）：144—147.

[2] 陈艳影．汉语国际教育案例分析论著：现状与需求［D］．江西师范大学，2019.

[3] 丁雪．语言规划视角下的汉语国际教育规划发展研究［D］．鲁东大学，2020.

[4] 方春媚．汉语国际教育背景下的"当选"词汇化研究及其实践意义［D］．山西大学，2020.

[5] 冯文．抖音短视频在汉语国际教育传播中的应用分析［D］．西南科技大学，2021.

[6] 高怡．传播学视域下汉语国际教育传播效果研究［D］．山东大学，2017.

[7] 何敏．基于SWOT分析的陕西省汉语国际教育研究［D］．西安石油大学，2021.

[8] 孔之星．面向汉语国际教育的典型感叹句情感内容研究［D］．上海外国语大学，2021.

[9] 李文静．汉语国际教育的经济价值与发展对策［J］．企业改革与管理，2021（02）：87—88.

[10] 刘晶．"互联网＋"背景下的汉语国际教育探究［J］．中国新通信，2021，23（04）：226—227.

[11] 李震．面向汉语国际教育的重叠式副词研究［D］．山东师范大学，2019.

[12] 刘力，夏宇华，余傲然．国内外汉语国际教育现状研究及"1＋2"构想［J］．科技视界，2020（14）：72—74.

[13] 任唱唱．在线教育在汉语国际教育应用中的调查研究［D］．上海师范大学，2021.

[14] 孙玥．"互联网＋汉语国际教育"在线教学资源调查研究［D］．西安石油大学，2021.

[15] 唐蕾．"互联网＋"背景下汉语国际教育的机遇与挑战［J］．科技资讯，2019，17（16）：218＋220.

[16] 温可佳．汉语国际教育视角下区域文化的传播研究［J］．新闻研究导刊，2020，11（22）：231—232.

[17] 王翎羽．汉语国际教育网络学习资源使用现状调查研究［D］．沈阳师范大

学，2021.

［18］吴婷婷，邓耘．在线教育在汉语国际教育中的机遇与挑战［J］．汉字文化，2021（20）：85－87＋97.

［19］吴瑞坤．面向汉语国际教育的转折义语气副词研究［D］．山东师范大学，2020.

［20］王禹然．汉语国际教育学科发展现状及教学策略研究［J］．产业与科技论坛，2020，19（02）：260－261.

［21］严跃灵．基于微信公众号平台的汉语国际教育研究［D］．西南科技大学，2019.

［22］赵歌川．文化对外传播与汉语国际教育：成就与挑战［J］．潍坊学院学报，2020，20（05）：80－82.

［23］赵杨．汉语国际教育的"变"与"不变"［J］．天津师范大学学报（社会科学版），2021（01）：7－14.

［24］詹春燕，卢梦亚．孔子学院汉语国际教育的困境与优化分析［J］．现代教育论丛，2019（06）：60－68.

［25］张承姣，姜鸿婧，陆巧玲．"互联网＋"背景下汉语国际教育发展研究［J］．长春工程学院学报（社会科学版），2019，20（02）：108－111.